高等职业教育公共课精品教材
"互联网+"新形态立体化教学资源特色教材

大学语文

主　编　林佳颖　马英桐　江春丽
副主编　李素平　邢烨丹　张雅茹

中国轻工业出版社

图书在版编目（CIP）数据

大学语文 / 林佳颖，马英桐，江春丽主编. --北京：中国轻工业出版社，2024.8. --（高等职业教育公共课精品教材）（"互联网+"新形态立体化教学资源特色教材）. --ISBN 978-7-5184-5041-1

Ⅰ. H193.9

中国国家版本馆CIP数据核字第2024SW3122号

责任编辑：李金慧　　　责任终审：高惠京　　　设计制作：锋尚设计
策划编辑：张文佳　　　责任校对：朱　慧　朱燕春　　　责任监印：张　可

出版发行：中国轻工业出版社（北京鲁谷东街5号，邮编：100040）

印　　刷：三河市国英印务有限公司

经　　销：各地新华书店

版　　次：2024年8月第1版第1次印刷

开　　本：787×1092　1/16　印张：12.5

字　　数：250千字

书　　号：ISBN 978-7-5184-5041-1　定价：49.80元

邮购电话：010-85119873

发行电话：010-85119832　010-85119912

网　　址：http://www.chlip.com.cn

Email：club@chlip.com.cn

版权所有　侵权必究

如发现图书残缺请与我社邮购联系调换

230554J2X101ZBW

本教材编委会

主　任：罗恢远
副主任：黄英铭　李　勇
委　员：林佳颖　马英桐　江春丽
　　　　李素平　邢烨丹　张雅茹

前言

近年来，国家高度重视职业教育，明确提出职业教育是国民教育体系的重要组成部分，肩负着培养多样化人才、传承技术技能、促进就业创业的重要职责。目前，我国高等职业教育正往高质量发展的方向迈进。在这一过程中，应当使高等职业教育的课程体系和教材体例尽早适应这一变化，让高职院校培养的高端技能型人才不仅拥有一技之长，还能积累一定的人文底蕴，以实现适应社会需求与促进个人发展的统一。

高职院校的大学语文课程，是一门以人文素质教育为核心，融语文教育的人文性、综合性、工具性于一体，旨在培养和提高学生的人文素质、语言能力、综合素养的公共基础课程。长期以来，大学语文课程承担着提升高职学生整体素质尤其是人文素养的重要使命，对于促进高职学生的可持续发展有着不可替代的作用。

高质量的教材是实现大学语文课程价值和意义的重要载体，所以，编写组在多年教学实践的基础上，综合考虑了高等职业教育的发展趋势、大学语文教材的综合属性以及高职学生个体发展的相关需求，编写了这本面向高职院校学生的《大学语文》教材。

有鉴于上述的课程定位，编写组认为大学语文教材所担负的责任不能只限于传授知识，更重要的是传导一种价值精神，这是促使个体发展、社会进步的灵魂。因而，在构建教材框架时，编写组以引导一种价值观念、注入一种精神追求为核心目标，以"主题建构"的方式来组织选篇，并按照学生在大学生活和职业生涯中所需的人文素养和职场能力，将全书分列为八个主题单元：大学精神、理想信念、情感体验、家国情怀、生命哲思、山川风物、职场思辨、劝学惜时。

本教材以提高学生的通用能力为目标，以培养学生的综合素质为核心，在编写过程中力求遵循下列原则。

第一，注重价值观念的引导性。 当前，全球进入互联网时代，社会观念日益多元，信息渠道也空前丰富。大学阶段的青年学生，他们的人生观、价值观尚未定型，而网络舆论上充斥着各种崇拜物质、崇尚享乐、功利至上等观念，会对他们造成巨大冲击。因而，在高等职业教育中，不能一味强调应用型人才的培养而忽略对学生心灵的指引。本教材尤为注重单元框架的导向性、文章篇目的思想性、知识探究的启发性——在单元设置上，突出"大学精神""理想信念""家国情怀""劝学惜时"等具有导向作用的价值观念；在篇目选择上，以"职场思辨"为例（下表），精心筛选出能够帮助学生树立正确的人生观与价值观的作品；在知识探究上，设置启发思考的开放性题目，以引导学生形成独立的思考判断能力。

职场思辨作品选择

单元主题	文章篇目	作者	价值精神
职场思辨	1. 我的两个梦	袁隆平	弘扬奋斗精神，强化社会责任感
	2. 青年在选择职业时的考虑	马克思	引导建立科学的择业观
	3. 敬业与乐业	梁启超	引导树立劳动精神与敬业精神
	4. 财富之道	司马迁	引导建立正确的财富观

第二，注重素质培养的综合性。相对于基础阶段的语文教育，大学语文侧重通过经典文本的解读与赏析，深度挖掘作品蕴含的多维文化价值，引导学生观照广阔的人文视野，关注人与自然、社会与历史、艺术与科学等领域，潜移默化地提升个人的综合素质，以培养具有人格力量、思维活力、审美素养、生活情趣的高素质人才。基于此，编写组精心选择了许多具有典范意义的作家作品与拓展知识，如爱国学者梁启超、文理大师顾毓琇、"万能科学家"钱伟长、"杂交水稻之父"袁隆平等；在知识链接、思考探究、移动阅读等学习栏目的设计上，编写组注重激发学生的思维活力，培养学生独立思考与主动探究的能力；不一而足。总之，全书以情操的陶冶、审美的培养、科学的启迪为原则，力图体现文理融通、素质教育的宗旨。

第三，注重读本的审美愉悦性。优秀的文学作品是人类智慧与情感的结晶，具有深刻的思想性、高超的艺术性、强烈的感染力，能引发学生的生命感悟，丰富他们的人生体验。值得一提的是，价值观念的引导与综合素质的培养，都应当建立在优秀的文本上，方能有效激发学生的内在情感，实现心灵层面的碰撞与认同。因此，在作品导读这一模块，编写组力求突出作品的审美愉悦性，选择古今中外的名家名篇。在引导学生感受这些作品思想文字魅力的同时，编写组还注重引导学生深入感悟蕴含其中的传统文化魅力，如"情感体验"这一单元，设置了"诗经中的植物""中国古代女子头饰"等趣味内容；在"山川风物"这一单元，补充了"山水文化与山水审美""天人合一"等文化常识，等等。

第四，注重内容的创新实用性。在编写的过程中，编写组还综合考虑当前社会行业的发展趋势及高职学生的就业定位，结合大学语文教材的综合属性，注重突出整体内容的实用性和创新性。从涵盖面上来说，选入的内容涉及教育、文化、家庭、心理、历史、自然等方面，大学生活、爱情观念、职业规划等大学生十分关注的问题也都在范畴之内。从方法论上来说，在《谈读书》《提醒幸福》等篇目中，编写组提供了高效读书、心理建设、职业规划、时间管理等若干实用思路。从框架建构上来说，"实践活动"力图结合高职院校的专业特点及新媒体的影响力，充分调动高职学生的学习内驱力、知识迁移能力与综合应用能力;"移动阅读"尝试利用互联网为学生提供更丰富的课外数字教学资源;附录部分,一方面与每单元的实践活动相呼应,一方面希望为学生的求职就业提供相应的知识储备。

本教材由揭阳职业技术学院大学语文课程组成员编写,具体分工如下:由林佳颖负责全书的统筹规划和框架建构,林佳颖、江春丽主要负责第二、三、五、六、七单元的编写,马英桐、邢烨丹主要负责第一、四、八单元的编写,李素平主要负责职场拓展部分的编写,张雅茹负责本书教学资源的整理,由林佳颖负责全书的统稿、定稿工作。在此,对所有付出辛勤劳动的同人道一声:辛苦了!

本教材的编写受到学院、系部领导的关心和支持,在此,向各位关心、支持教材编写的领导表示衷心感谢!在编写过程中,编写组也借鉴了前辈和同行的研究成果,参考了相关教材的体例和篇目,在此深表谢意。

由于时间匆促,加上编者的水平及经验所限,本书难免存在疏忽不足之处,敬请专家、同行和读者批评指正,以便进一步修订完善。

编者

目录

一 大学精神
大学之道 ………………………………………………… 2
科学精神与人文精神 …………………………………… 5
大学，人生的分水岭 …………………………………… 11
谈读书 …………………………………………………… 15

二 理想信念
神话三则 ………………………………………………… 20
论语三则 ………………………………………………… 24
念奴娇·过洞庭 ………………………………………… 28
相信未来 ………………………………………………… 32

三 情感体验
蓼莪 ……………………………………………………… 38
有所思 …………………………………………………… 42
永遇乐·元宵 …………………………………………… 46
提醒幸福 ………………………………………………… 50

四 家国情怀
又呈吴郎 ………………………………………………… 58
北方 ……………………………………………………… 61
欢呼哈雷 ………………………………………………… 67
勇擒辽帝，智退辽军 …………………………………… 71

五 生命哲思
读山海经·其一 ………………………………………… 82
定风波 …………………………………………………… 85
勤俭自持，习劳习苦 …………………………………… 88
最后一片叶子 …………………………………………… 91

六 山川风物

春江花月夜 ……………………………………………… 100
与朱元思书 ……………………………………………… 105
心灵的镜子 ……………………………………………… 109
清塘荷韵 ………………………………………………… 115

七 职场思辨

我的两个梦 ……………………………………………… 122
青年在选择职业时的考虑 ……………………………… 128
敬业与乐业 ……………………………………………… 134
财富之道 ………………………………………………… 139

八 劝学惜时

短歌行 …………………………………………………… 146
香菱学诗 ………………………………………………… 149
时间怎样地行走 ………………………………………… 156
假如给我三天光明 ……………………………………… 160

附录 职场拓展

计划 ……………………………………………………… 169
总结 ……………………………………………………… 173
通知 ……………………………………………………… 176
调查报告 ………………………………………………… 179
短视频文案 ……………………………………………… 182
邀请函 …………………………………………………… 187

参考文献 ………………………………………………………… 189

一 大学精神

单元导读

  大学阶段，是人生中最美好的时节，我们风华正茂，意气方遒。

  大学阶段，是我们夯实专业知识、提升专业能力、明确人生方向的关键时期，只要未雨绸缪，就能赢得精彩人生。

  大学阶段，更是锻造心性、开阔视野、树立远大抱负、培养社会责任感的黄金时期，我们的胸襟修养与人生底蕴将在此得以提升与充实，而最为宏远的人生蓝图也将由此徐徐展开。

  作为新时代的大学生，我们当学以立德，学以增智，学以致用，从中华优秀传统文化当中、从古代先贤、当代名家的作品中汲取精神养分，提高精神追求的层次和品格，树立终身受益的人生理想、精神信念和处世准则。

> 古人说："大学之道，在明明德，在亲民，在止于至善。"核心价值观，其实就是一种德，既是个人的德，也是一种大德，就是国家的德、社会的德。国无德不兴，人无德不立。如果一个民族、一个国家没有共同的核心价值观，莫衷一是，行无依归，那这个民族、这个国家就无法前进。
>
> ——2014年5月4日，习近平总书记在北京大学师生座谈会上的讲话

大学之道①

[宋] 朱熹

大学之道②，在明明德③，在亲民④，在止于至善。知止而后有定，定而后能静，静而后能安，安而后能虑，虑而后能得⑤。物有本末，事有终始，知所先后，则近道矣⑥。

古之欲明明德于天下者，先治其国。欲治其国者，先齐其家⑦。欲齐其家者，先修其身⑧。欲修其身者，先正其心⑨。欲正其心者，先诚其意⑩。欲诚其意者先致其知，致知在格物⑪。物格而后知至，知至而后意诚，意诚而后心正，心正而后身修，身修而后家齐，家齐而后国治，国治而后天下平⑫。自天子以至庶人，壹是⑬皆以修身为本。其本

《大学》

---

① 节选自《大学》篇。标题为编者所加。
② 大：旧读为"太"，大学，古代一种高级学校的名称。《大戴礼记·保傅》说："古者年八岁而出就外舍（即小学），学小艺焉，履小节焉；束发（指成童，约十五岁）而就大学，学大艺焉，履大节焉。"朱熹读"大"为dà，认为"大学者，大人之学也"。大学之道：大学的宗旨。
③ 明明德：前一个"明"作动词，有使动的意味，即"使彰明"，也就是发扬、弘扬的意思。后一个"明"作形容词，明德也就是光明正大的品德。
④ 亲民：程颐认为"亲"当作"新"，即革新、弃旧图新。亲民，也就是新民，使人弃旧图新、去恶从善。
⑤ 知止：知道应该达到的目标。定：有确定的志向。静：心态平静。安：精神安宁。虑：思虑。得：有所收获。
⑥ 本末："本"，木之根；"末"，相对于"本"而言，指枝末、枝节。物有本末：万物都有主次轻重。事有终始：万事都有先后次序。道：规律。指做事要分清主次，抓住根本。
⑦ 齐其家：管理好自己的家庭或家族，使家庭或家族兴旺发达。
⑧ 修其身：修养自身的品性。
⑨ 正其心：端正其心。朱熹说："心者，身之主也。"
⑩ 诚其意：使其意念诚实。
⑪ 致其知：获得知识。格：至；物：事物。"格物"一词，解说颇有分歧，依朱熹的解释，应理解为"穷究事物的道理"，但依陆、王心学的解释，则是格除物欲的意思。
⑫ 而后：与上句"欲……先……"同样表示逻辑的条件关系，上句是由果及因的倒溯，此句则是由因及果的顺推。
⑬ 壹是：一律。

乱而末治者否矣①。其所厚者薄，而其所薄者厚，未之有也②。此谓知本，此谓知之至也③。

（选自《礼记训纂》，中华书局1996年版）

📖 作品导读

全篇可分为三部分，选文是第一部分，是全篇的总纲，开门见山，提出了"三纲领"和"八条目"，阐明了儒家关于学习的内容、目标和为学的次序，层层推进，浑然一体，表现出较强的逻辑性。

"三纲领"，即明明德、亲民、止于至善。它既是《大学》的纲领旨趣，也体现了儒学的基本精神。"明明德"，即发扬自身光明正大的品性。"亲民"，同"新民"，即由己及人，使人弃旧图新、去恶从善。"止于至善"，即不断地自我完善，以达到至善境界。

"八条目"，即格物、致知、诚意、正心、修身、齐家、治国、平天下。它既是实现"三纲领"的具体步骤，也是儒学为青年们所展示的人生进修阶梯。它指明了只有把家庭管理得井井有条，才能获得经验进而治理国家；要管理好家庭，须以身作则，进行自我修养；要自我修养就要端正思想，而不能只做表面文章；要端正思想就要做到真诚，排除私心杂念；而要意念诚实就要提高认知能力，避免因愚昧、偏执导致的盲目性。"八条目"展现了儒家"内圣外王"的人格理想，从"格物、致知、诚意、正心、修身"的"内修"到"齐家、治国、平天下"的"外治"，中间以"修身"作为关节点，前后相连而层层递进，体现了过程与结果的统一。

全篇文辞简约，内涵深刻，将"修身"作为道德修养的中心与根本，成为历史上有志之士用以自励并

朱　熹
（1130—1200）

《大学》，原为《小戴礼记》中的一篇，是儒家最有系统地论述治国平天下学说的篇章。作者不可考，按传统说法为春秋战国时期曾子所作，清以后一般认为成书于战国末期至西汉之间。北宋时，程颢、程颐将其从《小戴礼记》中抽出，加以整理，与《中庸》《论语》《孟子》相配，合为"四书"。南宋朱熹作《四书章句集注》，列为四书之首。元以后，《四书章句集注》成为科举考试的必读教材。

---

① 本：指"修身"。末：指修身以外的种种事务。否：意为"不可能"。
② 所厚者：指"本"。所薄者：指"末"。指该重视的不重视。未之有也：即未有之也，没有这样的道理（事情、做法等）。
③ 知之至：智慧的极致。知，即"智"。

为之奋斗的人生信念。而对于当代青年而言，此文推崇在自我审视的基础上培育、完善、发展自我，这一观念凸显了个体自强不息的精神在人生、社会中的现实意义，有助于读者构建宏观的人生视野，启发读者在纷繁复杂的当代生活中，明确自己的人生目标，建立自己的人生秩序，具有深刻的启迪作用与现代价值。

知识链接

出自《礼记·大学》篇的大学校训：
- 明德格物——香港大学
- 自强不息，止于至善——厦门大学
- 明德新民，止于至善——河南大学
- 博学笃行，盛德日新——湘潭大学

思考探究

❶《大学》一文认为道德修养的根本在于什么？请谈谈你的理解。
❷《大学》中的"三纲领"和"八条目"之间有着怎样的逻辑关系？

移动阅读

❶《止于至善：傅佩荣谈大学中庸》（傅佩荣）：集作者多年研学成果，以注释、解读及白话文翻译的方式，帮助读者跨越语言障碍与时代差异，更好地领会古代先贤的理想与价值观念，汲取传统文化的智慧以指导当代人生。

❷《漫画四书系列·大学全本：博大的学问》（蔡志忠）：作者用简洁生动的文字，清新飘逸的画风，别开生面地诠释中华先贤的智慧和人生哲学。

　　科学与人文源远流长，都是人类极富有创造性的活动。充分认识和理解科学与人文两种文化之间深刻的关联，消除两者之间的分离和对立，对于两种文化的共同繁荣、经济社会的全面进步，以及个体的综合发展，具有深远的意义。

科学精神与人文精神[①]

顾毓琇

一、科学精神

　　科学精神，是求真求实的精神。凡是科学家，必具备科学精神。凡是研究科学的青年，必须学习此种精神。有了科学精神——求真求实的精神——必会发现及重视科学方法，而科学方法，可以应用到一切日常生活、日常事务，乃至修身、齐家、治国、平天下的大事业。

　　求真即是追求真理。牛顿的力学定律、开普勒的天体定律、麦克斯韦的电磁论乃至爱因斯坦的相对论，都是追求真理的结果。今天太空人可以登上月球，探险以后又回到地球，一切照着物理的道理而得到成功。我们可以说探险的精神，乃是根据求真理的精神而来。

　　求实即是追求实在。哲学上的"实在"与科学上的"实在"含义或有不同，现就科学上的"实在"而论，"实在"乃是"实实在在"的事和物。在地球上找得到的实物——动物、植物、矿物，都是实在的；在科学上可以实验的结果，也是实在的；电子、原子、中子，都是实在的；天文上可以观察的也是实在的；月球上带回的岩石当然是实在的。科学的理论，必须靠实验去证明。科学研究的过程中有许多假设，有些假设经过长期的观察或精密的实验，可以判断为正确与否。有些假设可以取消，有些假设亦可以修订。

　　科学精神是求真理、求实在。科学精神是合于格物、致知的精神，但科学精神实在可以超过研究物理、化学、生物、地质等个别学科的精神，而包括诚实不欺的精神、创造发明的精神、明白是非的精神、判断真伪的精神以及探求天、地、人各种关系的精神。

　　以往西人以物理为"自然科学"，近来世人皆知"社会科学"的重要。社会科学的范围，一天一天在扩大，包括政治、经济、社会、管理等学科。

[①] 原载于《中央月刊》第4卷第12期，选入本书时有删节。

"自然科学"的范围，亦是一天一天在扩大。以往的物理、化学、生物，已不能包括所有学科的分类，例如：生物化学、生物物理及物理化学等。

"应用科学"包括工程学、医学、农学、商学、计算机、应用数学、工业管理及许多特殊学科，如太空科学、农业化学、会计、统计等。

凡是纯粹科学（自然科学）、应用科学及社会科学，皆需要丰富的科学知识、清楚的科学头脑、有条理的科学方法和有勇气的科学精神。科学知识、科学头脑、科学方法，都包括在科学精神以内。有了科学精神，方可以研究科学而得到真实的结果。提倡科学精神，方可使青年有勇往直前的气魄、临难不苟的操守、处变不惊的态度以及艰苦卓绝、不折不挠的美德。在现代世界，科学是不可少的，而科学精神尤为求学问、成事业万不可少的基本条件。

二、人文精神

人文精神是求善求美的精神。凡是文学家、史学家、哲学家、艺术家，必具备人文精神。科学精神，乃根据物理学的精神。人文精神，乃根据人理学的精神。陈立夫先生最近出版的《人理学研究》专书，包括32讲，请诸位参考。著者前言曰：

"数十年来以余研究之结果，认为近世西方之最大成就，在于'尽物之性'；而中华文化以往之最大成就，在于'尽人之性'……自然科学以数、理、化为基础，以阐发物性之体与用为最终目的，统称之曰'物理学'可也。人文科学，以心、性、道为基础，以阐发人性之体与用为最终目的。统称之曰'人理学'亦无不可。"

求善即是归于至善。伦理与宗教乃为求善的主要路线，东方——尤其中国，讲求伦理，孔孟之道即是着重于伦理。宗教的来源都出于东方，道教以外，佛教始于印度，传之东土而发扬光大；基督教及伊斯兰教均始于近东。向来西方各国，重宗教而轻伦理。近来西方亦觉伦理之重要，而欲引用东方之伦理以为补救。法律学与其属于社会科学，不如属于人文科学，盖法律必须有哲学及伦理学为其基础。在法律面前，一切人皆平等。此一观念，即为属于伦理学的范围。中国尚礼，尚法，讲伦理，讲道德。修身、齐家、治国、而至平天下，天下为公，皆为求善的境界。

诸子百家对于性善性恶，辩论纷争，不知若干年。但儒家孔孟之道，出发于性善，故有伦理学的建立。宋儒程朱之理学及道学，明儒王阳明之良知良能，以至明末清初朱舜水、黄梨洲、顾亭林诸大儒，皆不离孔孟之教，以仁义为依归，以至善为目标。

六艺重视"礼"与"乐"，衣食住行之外，又须注意"乐""书"。"乐"乃代表一切艺术及一切康乐。"书"与"数"虽并列，但"书"实包括一切文学，乃至书法、画法。文学艺术（包括音乐、舞蹈、戏剧），乃在求美。哲学包括美学及伦理学。求美实为一切文艺创造的原动力，而求善乃为一切社会改进的原动力。无哲学则无美学，无哲学则无伦理，但吾人亦可以说："无哲学则无科学。"（科学与美学有密切关系，在此不多谈。）

我曾经说过："无科学则无文化，无文化则无民族。"我现在可补充说："无哲学则无科学，无人文则无民族。"盖"文化"与"人文"实在息息相通。试问没有"人文精神"，还有文化吗？文化是生生不绝的，是民族生命的原动力。民族文化发扬光大，则国家可以转危为安，转贫为富，转弱为强。人文精神是创造的、绵延的、除旧更新的，也是拨乱反正的。

三、两种精神之结合

人文精神同科学精神，正如鸟之两翼，车之两轮，相辅相成。

科学精神是偏于理性的，虽然西洋的哲学、中国的儒学亦是注意理性的。人文精神是偏于情意的，所以只提倡人文精神而忽略科学精神，难免有偏枯之流弊。二者兼顾，方可以完成人生的两方面。

科学精神与人文精神，不但彼此不冲突，而且在两种精神发扬与结合之后，科学家必定重视人文精神，而哲学家、文学家、史学家、法学家及艺术家，亦必定重视科学精神。

今日的青年，必须具备科学精神与人文精神，然后可以求学问、成事业。《大学》《中庸》的大道，重视人文精神，但亦包含科学精神。西洋文化的发展，提倡科学精神，但亦不能忽视人文精神。西洋的哲学，本包括伦理学及美学，而求善求美乃是人文精神的基础；西洋的科学，包括求真与求实，故有理论科学、实验科学、应用科学、社会科学，以至工、医、农、商各学科的发展。西洋的科学发展，轻视了人文精神，故今日的西方，陷于彷徨无主的动乱状态。中国的人文发展——尤其是理学、道学，偏重于伦理观念、道德规范，而忽略了科学精神；且于文学、音乐、艺术，亦不加重视，故求善胜于求美，求善重于求真。实在真、善、美为人类世界鼎足而立的重要因素，缺一而不可的。

为着中华民族的前途，为着世界文化的前途，我们必须同时提倡科学精神与人文精神。

（选自《世界名校开学毕业典礼演讲精选》，中国长安出版社2008年版）

📖 作品导读

选文为作者在中国台湾成功大学毕业典礼上所作的一篇演讲稿，文中阐释了科学精神、人文精神的内涵与作用以及两者并重在当今社会的意义。

科学精神是人们在长期的科学实践活动中形成的共同信念、价值标准和行为规范的总称。作为人类文明的崇高精神，它表达的是一种敢于坚持科学思想的勇气和不断探求真理的意识，具体表现为求实精神、实证精神、探索精神、理性精神、创新精神、怀疑精神、独立精神和原理精神。顾老认为，提倡科学精神，"可使青年有勇往直前的气魄、临难不苟的操守、处变不惊的态度以及艰苦卓绝、不折不挠的美德"。

人的生命包括自然生命和文化生命，人文是关于人的文化生命的学问，故称为"人文"。人文精神是一种普遍的人类自我关怀，表现为对人的尊严、价值、命运的维护、追求和关切。人文精神是求善求美的精神，也是民族生命的原动力，当"民族文化发扬光大，则国家可以转危为安，转贫为富，转弱为强"。

科学精神和人文精神是人类精神的两种不同形态，是人类文明的双翼。"科学所追求的目标或所要解决的问题是研究和认识客观世界及其规律，是求真；人文所追求的目标或所要解决的问题是满足个人和社会需要的终极关怀，是求善。"在全面建设社会主义现代化国家新征程中，既需倡导和普及科学精神，推动社会生产力的不断发展，也要高扬和激发人文精神，提升全民族文化创新创造活力，增强实现中华民族伟大复兴的精神力量。

大学是科学精神和人文精神的摇篮。作为青年学生，科学精神的培养，可以帮助我们掌握和了解这个世界的真相和规律，使我们思考更严谨、行动更准确、活得更通透，能够让我们在瞬息万变的未来社会中保持探索、创新、独立、坚忍的品格；而人文精神的浸润，则可以帮助我们丰盈内心、加深生命体验，进而为生命带来更多的力量，点燃我们对梦想、幸福的追求，以实现超越自我的人生境界。

顾毓琇
（1902—2002）

顾毓琇，字一樵，江苏无锡人，中国近代杰出的文理大师。

顾毓琇学贯中西，博古通今：在科学上，是国际电机权威和现代自动控制理论的先驱；在教育上，是清华大学原工学院的主要奠基者；在文学艺术上，是"国际桂冠诗人"，是中国现代话剧的发轫人，还是中国古乐的研究权威；在佛学上，他的多部佛学专著深受国际佛学界的重视。

顾毓琇被国内外誉为"电机权威、教育专家、文坛耆宿、桂冠诗人、话剧先驱、古乐泰斗、爱国老翁"。

知识链接

顾毓琇出生于江苏无锡的一个世代书香之家。他的父亲早殁，母亲出身望族，勤于治家，教子有方，凭着其卓见、开明和坚忍，一手培养出了包括顾毓琇在内的"一门五博士"。顾毓琇14岁就考入清华学校（清华大学前身），文学老师是梁启超，英语老师是林语堂，与梁思成、梁实秋、闻一多等皆为同窗好友。

顾毓琇20岁就写出了中国现代文学史上较早的中篇小说之一，还将莫泊桑、泰戈尔的作品翻译为中文；他把贝多芬的第九交响曲首次完整引入中国；抗战期间，他创作抗战历史剧《岳飞》在全国数次巡回公演，极大地鼓舞全民抗日斗志。

21岁时，顾毓琇赴麻省理工学院电机系留学。23岁时，发明四次方程通解法，引起业界广泛关注。100多年过去了，今天的计算机求解方程的算法仍然是基于该通解的基本思路。26岁时他发明了以自己名字命名的"顾氏变数"，爱因斯坦、罗斯福、丘吉尔等都专门写信向他祝贺，他因此获得了被称为电机与电子领域"诺贝尔"奖之誉的"兰姆"金质奖章，是世界上六位对电机理论富有贡献者之一。

顾毓琇一毕业就被美国通用高薪聘为工程师，不过他只待了5个月就毅然回国，回国创立了中国第一个航空研究所，钱学森就是他第一批录取的学生。抗战期间，他研究出改良版防毒面具，并亲自把8000多具防毒面具送往华北，抵抗日军侵略。

抗战期间，顾毓琇主持制定战时教育政策，领导实施大学的大规模内迁，为中华民族保存了宝贵的知识精华。由内迁而形成的西南联合大学、国立中央大学等学府，培养了大量栋梁之材。他培养的学生层次之高、在各领域的影响之大，堪称现代教育史上的传奇。

顾老晚年依靠养老金生活，经济并不宽裕，但他仍将大部分积蓄都拿出来捐资助学，先后在清华大学、北京大学、南京大学、东南大学等高等学校设立奖学金，鼓励青年学生为国家的前途努力进取、全面发展。

思考探究

❶ 什么是科学精神？什么是人文精神？

❷ 请结合顾毓琇、钱学森等老一辈科学家的经历，谈谈你对当中展现出来的科学精神、人文精神及社会责任感的感想。

移动阅读

❶ **《大树对门飞鸟闲——顾毓琇篇》**（傅国涌）：本文以娓娓道来的手法，将顾氏的诗文与其成长经历串联起来，如以散文《行云流水》带出顾氏对电学发生兴趣竟源自幼年所读李白之诗——"弄电不辍手，行云本无踪"，如此种种，令读者得以了解这位伟大学者可亲可近的一面。

❷ **《人文钱学森》**（王曦、王文华）：本书以人文脉络为主线，精选钱学森百年人生中在科学实践、音乐美术、文学摄影、教书育人等领域大放异彩的典型事例，系统展现了这位科学巨匠深邃的人文思想、博雅的人文气质、科学的思维表达以及赤诚的爱国情怀和美满的家庭生活，从而引领读者沿着钱学森的成长轨迹，感悟伟大科学家成功的动力与奥秘，体会铸造正确世界观、价值观以及不断探索科学新境界的艰辛与幸福。

> 大学阶段，"恰同学少年，风华正茂"，有老师指点，有同学切磋，有浩瀚的书籍引路，可以心无旁骛求知问学。此时不努力，更待何时？要勤于学习、敏于求知，注重把所学知识内化于心，形成自己的见解，既要专攻博览，又要关心国家、关心人民、关心世界，学会担当社会责任。
> ——2014年5月4日，习近平总书记在北京大学师生座谈会上的讲话

大学，人生的分水岭①

路遥

孙兰香在北方工业大学已经快上完了一个学年。

我们记得，当兰香第一次出现在我们面前的时候，她还是一个脸蛋上吊着泪珠的农村小女孩。我们也不会忘记，她提着那个小筐筐，怎样用小手给家里捡拾烧饭的柴禾；在石圪节上初中时，她又是怎样忧心如焚地与父亲和大哥商量自己是否应该继续念书。同样，我们也不会忘记，上高中时，为了给自己买件短袖衫，她曾怎样瞒着家人和同学，在夜幕遮掩下到医院打短工的情景……

现在，我们可爱的兰香已经是令人羡慕的北工大的大学生了。

如今，当她再一次站在我们面前的时候，简直使我们难以联想起她就是以前的那个兰香。

她已经成长为青年，从外表看，已不再存留任何一点农村姑娘的痕迹。一身朴素大方的夏装勾勒出修长健美的身材。发端稍稍烫过，潇洒地从鬓角拢过；每当她挎着那个洗得发白的黄书包出现在公共场所，男生中即便是纯粹的书呆子，也不得不抬起头望她几眼。她成了大家公认的"校花"，外系有人传播她是"杭州人"，父母亲都是上海芭蕾舞团的演员。甚至有人说她就是电影演员孙道临的女儿……

不到一年的时间里，兰香就完全适应了大城市的生活。这是一件很自然的事。实际上，她的天资早已引导她进入一个更为广大深远的世界——宇宙。

她的专业就是研究宇宙。脑子里活动的概念超出了地球的范围——什么物质与时空，三维宇宙，四维宇宙，白矮星，黑洞……

---

① 节选自《平凡的世界》，标题为编者所加。

不过，现在他们上的还是基础课——要在三年级开始才进入专业课程的学习。当然，一些基础课轻松的人，早已在图书馆借阅许多艰深的理论专著了。

大学生活是极有规律的。这种规律生活也适应她——她整天钻研的就是"规律"。

早晨六点半，校园里响起广播声后，同宿舍上下架子床八个女生就都纷纷起来。大家也不洗脸，穿着运动衣裤到外面跑一圈。约莫六点五十分返回来，打仗一般冲进洗漱间刷牙洗脸——一层楼只有两个水房，人很拥挤。洗漱完毕，换上衣服，就到了七点，他们挎上书包下楼，在食堂买一个烧饼或馒头，一边啃着，一边横穿过校园内的中央大道，进入西面有门卫的教学区。

通常大家先跑到教室用自己的书包占好座位，然后才到外面的广场上朗读外语。教室是阶梯式课堂，坐在后边听不清老师讲课，因此同学们都想在前面抢先占个有利位置。

教室外面的广场其实是个小花园。周围有喷泉、假山和廊亭；花朵艳艳，绿树婆娑。

八点钟开始上完两节课后，要换一次教室，于是又有一场争夺座位的紧张战斗。

午饭时，兰香通常在就近的学生食堂买一两个馒头和一份简单的菜，一边看书一边吃。他们学校的食堂是高教部表扬过的，主副食花样翻新，什么高级菜都有。但所有价钱高的菜，兰香都不敢问津。二哥每月给她寄三十块钱，加上十一块助学金，勉强可以维持一种简单的学生生活。当然，吃饭的时候，已经不像中学时那样，男女分成两大阵营；同班同学大都是男女混杂一起，有说有笑一块吃。也不同中学时那样，不会因为菜好菜坏就让人感到高贵或低贱。甚至谁买了一份好菜，大家抢着就瓜分了。大学，这是人生的一个分水岭。当你一踏进它的大门，便会豁然明白，你已经从孩子变成了大人。青春岁月开始了。这是你的黄金年华，连空气都像美酒一般醇香醉人。

下午一般没有课。兰香和大部分同学一样，有时上图书馆，阅览室，或到电化教学楼去看电视教学片。

一到星期六下午，本市的学生都回家去了。星期天，在校的学生首先洗一周积下的脏衣服；这一天，所有学生宿舍的窗口都挂满了晾晒的衣服，像五颜六色的万国旗一样迎风飘扬。有些星期日，兰香也和同宿舍的女生一块相跟着去市中心，买点女孩子的日常用品。星期天也是恋人们的黄道吉日，成对成双的男女纷纷走出校园，到野外或公园里去度过一个甜蜜的日子。恋爱现象常常在第一学期就开始，以后当然会如火如荼地展开。学校既不提倡，也不干涉。这是明智的，要让这个年龄的男女"安分守己"，那简直是徒劳的。

那么，我们的兰香是否也有了这方面的"情况"？

说实话,像她这样漂亮出众的姑娘,不知使多少男生神魂颠倒。尤其是一些高年级学生,甚至在电影院里厚着脸皮寻着和她说三道四。她已经接到过好几封外系男生的求爱信,都红着脸悄悄在厕所时烧了。

至于班上,给她献殷勤的男生好多,但一般说来,还都比较含蓄。兰香也不在意这些。她整天沉湎于功课和书中,对这种事都视而不见。可她担任班上的学习委员,因此也避免不了和一些同学打交道。这也有好处,使她在其间变得大方多了。

（选自《平凡的世界》,北京十月文艺出版社2015年版）

作品导读

《平凡的世界》是路遥作品中分量最重的一部长篇小说。书中以陕北黄土高原双水村孙、田、金三家的命运为中心,全景式地描写了中国现代城乡生活。作者用朴素的语言和真挚的情感,刻画了中国社会历史变迁过程中以孙少安、孙少平等为代表的普通人成长中的艰难与坚忍。书中的主角们虽然平凡,却充满了厚重的生命力量——人生的自尊、自强与自信,人生的奋斗与拼搏,挫折与追求,痛苦与欢乐,纷繁地交织,读来令人荡气回肠。

路 遥
（1949—1992）

路遥原名王卫国,陕西清涧人,中国当代作家,代表作有《平凡的世界》《人生》等。

小说虽然描写的是20世纪七八十年代年轻人的生活,但问世30多年来,却一直受到年轻读者的欢迎。它告诉一代代的年轻人,每个人都有自己的梦想,有的梦想可能真的无法实现,但还是要努力地去追求,这样人生才有意义。

本文节选自路遥《平凡的世界》第三部第十二章。选文中的主人公孙兰香是孙家最小的孩子、孙少安和孙少平的妹妹,她虽出生在一个贫寒的家庭,但始终怀揣着对知识的渴望和对未来的憧憬。凭借智慧与毅力,她硬是从贫瘠的黄土地里破土而出,成功考上北方工业大学天体物理专业。孙兰香的经历让我们看到,只要自强不息、勇于面对、坚定信念就一定能走稳脚下的路,在奋斗中实现自己的价值,这也正是大学精神的体现。

选文描述了孙兰香初入大学时的学习与生活情景,行文中洋溢着青春的气息与对未来的期盼,正如文中所说,"大学,这是人生的一个分水岭。当你一踏进它的大门,便会豁然明白,你已经从孩子变成了大人。青春岁月开始了。这是你的黄金年华,连空气都像美酒一般醇香醉人"。

知识链接

描写苦难的新时期作家不乏其人，但真正把苦难转化为一种精神动力的作家却并不多，路遥当属其中之一。这部小说在展示普通小人物艰难生存境遇的同时，极力书写了他们克服重重困难的美好心灵与坚韧不拔的奋斗精神。作品中的主人公孙少安、孙少平是挣扎在贫困线上的青年人，但他们自强不息，依靠自己的顽强毅力与命运抗争，追求自我的道德完善。其中，孙少安是立足于乡土矢志改变命运的奋斗者；而孙少平是拥有现代文明知识、渴望融入城市的"出走者"。他们的故事构成了中国社会普通人人生奋斗的两极经验。……这部小说所传达出的精神内涵，正是对中华民族千百年来"自强不息、厚德载物"精神传统的自觉继承。（延安大学文学研究所所长梁向阳）

思考探究

❶ 有人说，在《平凡的世界》中作者路遥把所有的温柔都给了孙兰香，她是小说中唯一一个没有遗憾的女性形象，对此你怎么看？

❷ 进入大学，青春的精彩才刚刚开始，怎样才能让我们平凡的人生过得更有意义呢？

移动阅读

❶ 《故事里的中国——路遥》（中央广播电视总台文化节目）：节目回顾了作家路遥是用怎样的生命历程创作出《平凡的世界》中震撼人心的文字，并以此致敬所有"生于平凡，却敢于追求不凡"的高贵生命。作者路遥，和书中的主人公孙少安、孙少平一起，鼓舞着一代又一代的青年。

❷ 《大学该怎么读：给大学生的75封回信》（南振中）：本书是作者给75位大学生的回信。书信的内容涉及大学生活与学习的方方面面，包括如何选书、如何读书、如何做读书笔记以及正确处理人际关系与就业前的准备等。内容丰富，语言朴实，对当代大学生真正上好大学这堂人生课有积极的教育意义。

> 读书不仅要有明确的目标、有不移的恒心，还要提高读书效率和质量，讲求读书方法和技巧，在爱读书、勤读书、读好书、善读书中提高思想水平、解决实际问题、实现自我超越。
>
> ——2009年5月13日，习近平总书记在中央党校2009年春季学期第二批进修班暨专题研讨班开学典礼谈话

谈读书

[英] 弗朗西斯·培根

读书足以怡情，足以博彩，足以长才。其怡情也，最见于独处幽居之时；其博彩也，最见于高谈阔论之中；其长才也，最见于处世判事之际。练达之士虽能分别处理细事或——判别枝节，然纵观统筹、全局策划，则舍好学深思者莫属。读书费时过多易惰，文采藻饰太盛则矫，全凭条文断事乃学究故态。读书补天然之不足，经验又补读书之不足，盖天生才干犹如自然花草，读书然后知如何修剪移接；而书中所示，如不以经验范之，则又大而无当。有一技之长者鄙读书，无知者羡读书，唯明智之士用读书，然书并不以用处告人，用书之智不在书中，而在书外，全凭观察得之。读书时不可存心诘难作者，不可尽信书上所言，亦不可只为寻章摘句，而应推敲细思。书有可浅尝者，有可吞食者，少数则须咀嚼消化。换言之，有只需读其部分者，有只需大体涉猎者，少数则须全读，读时须全神贯注，孜孜不倦。书亦可请人代读，取其所作摘要，但只限题材较次或价值不高者，否则书经提炼犹如水经蒸馏、淡而无味矣。

读书使人充实，讨论使人机智，笔记使人准确。因此不常做笔记者须记忆特强，不常讨论者须天生聪颖，不常读书者须欺世有术，始能无知而显有知。读史使人明智，读诗使人灵秀，数学使人周密，科学使人深刻，伦理学使人庄重，逻辑修辞之学使人善辩：凡有所学，皆成性格。人之才智但有滞碍，无不可读适当之书使之顺畅，一如身体百病，皆可借相宜之运动除之。滚球利睾肾，射箭利胸肺，慢步利肠胃，骑术利头脑，诸如此类。如智力不集中，可令读数学，盖演题须全神贯注，稍有分散即须重演；如不能辨异，可令读经院哲学，盖是辈皆吹毛求疵之人；如不善求同，不善以一物阐证另一

物，可令读律师之案卷。如此头脑中凡有缺陷，皆有特药可医。

（选自《英国散文名篇选》，人民文学出版社2023年版）

作品导读

《谈读书》是培根随笔中最脍炙人口的一篇，在文中，培根分析了读书的意义、读书所应采用的不同方式以及读书对性格的影响。此文虽成文于17世纪，但当中的思想光辉却超越了时空的局限，用心体会可令人受用终生。

文章开篇，便提出三种读书的益处：当孤独寂寥、心绪烦闷时，读书可以帮我们排解情绪、打开心结；与朋友海阔天空、高谈阔论时，读书所得会让我们彰显内涵、显露才华；而在行世处事时，读书所形成的思维能力又能化为统筹的智慧与行动的能力。继而指出三种错误的偏向：过度读书、偏重辞藻与全然信书，并提倡读书要与生活经验相结合。所以，只有明智之士方能在"书外"学以致用，将读书与实践相结合。

从"读书时不可存心诘难作者"到"始能无知而显有知"，具体阐述读书的方法，指出读书要思考，反对故意挑刺、迷信书本和仅限于文字推求。主张对不同的书应当采用不同的读法，或选读，或浏览，或通读，或精读。此外，还提倡读书应当和讨论、做笔记结合起来，方能获得充实、机智、准确等思维品质。

最后，从"读史使人明智"到结尾，阐述读书对性格的影响：先点明阅读不同学科书籍会塑造出不同的性格特征，再以比喻的方式，阐明读书可弥补精神上的缺陷，正如运动可驱除身体疾病一样。

弗朗西斯·培根
（1561—1626）

弗朗西斯·培根，英国著名的思想家、唯物主义哲学家和科学家。他在文艺复兴时期的巨人中被尊称为哲学史和科学史上划时代的人物，是第一个提出"知识就是力量"的人，马克思称他是英国唯物主义和整个现代实验科学的真正始祖。

培根以哲学家的眼光，思考了广泛的人生问题，写出了许多形式短小、风格活泼的随笔小品，集成代表作《论说随笔文集》。

全文虽短却简洁、紧凑、有力，用词上多用庄重典雅的古语，以体现行文的冷静、理性，令人信服；句型上善用排比，以体现语言及语义的平衡美，富有节奏感。文中格言警句层出不穷，言简意赅，深蕴哲理，堪称论说散文的典范。此文的中文译本出自著名外语学家、散文家王佐良先生之手，颇具大家风范，与原文相得益彰。

知识链接

诸葛亮"观其大略"读书法

据《魏略》记载:"(诸葛)亮在荆州,以建安初,与颍川石广元、徐元直、汝南孟公威等俱游学。三人务于精熟,而亮独观其大略。""每晨夜从容,常抱膝长啸。而谓三人曰:'卿三人仕进可至刺史、郡守也。'三人问其'所至',亮但笑而不言。"后来诸葛亮至蜀汉丞相,而石广元三人果真只任至郡守一类的中级官职。

这里的"观其大略",是一种科学的读书方法,即提纲挈领地领会精神实质和要点的读书方法。大略,含战略统领之意。古人曾注:"略,谓举其大纲。"每一篇文章,每一本书,都有它的最精粹部分,抓住了它再进行深钻细研,就能较好地把握通篇的主要精神,使所学知识扎实深刻而不浅薄,从而达到事半功倍、融会贯通的效果。

因此,诸葛亮"观其大略"读书法并非是对书籍作泛泛浏览、走马观花,而是分清主次轻重、求其精意、得其神蕴。他不是在细枝末节上纠缠,而是在勤奋读书中广泛涉猎,对书籍作整体的认识,再从中领会要旨,并使之成为自己的知识。

在当前信息知识大爆炸的时代,大学生们应当学会在最短的时间内快速地掌握所需要的资讯与信息,拓宽解决实际问题的思路。所以,就必须学会高效的读书方法——"观其大略",不被细节所羁绊,快速掌握书中的逻辑、方法和思路,为我所用。

思考探究

❶ 请谈谈读书的益处。

❷ 结合《谈读书》中提到的读书目的和读书方法,谈谈你对诸葛亮"观其大略"读书法的认识。

移动阅读

❶《高效阅读：培养终身受用的阅读力》（刘主编）：在这个信息爆炸的时代，我们不仅需要有效果的阅读方法，更要有高效的阅读力训练。书中为读者重点介绍了三种方法：快速阅读法、精细阅读法、不同类型图书阅读法。

❷《阅读力》（唐琪凯）：该书从生理和心理双重层面指出阅读低效的原因，从客观和主观两个方面提出解决方案，建议读者从科学精神、文学精神及实用精神三个角度在浩瀚的书海中挑选适合自己——有助于理解人生、分析世界、解决问题的书，并提供了学以致用的八大阅读方法，启发读者学会将书中的知识变成自己的能力，实现个人的提升。

实践活动

一本好书如同一艘航船，能引领我们从浅狭的港湾驶向无垠的海洋。读书，可以拓宽我们的眼界，获得丰富的知识与经验；读书，能引导我们明理，提升我们的修养。大学阶段，正是一生中读书的好时光，寻找并阅读优秀的书籍，能让我们尽情欢笑，也能让我们严肃思考；有时能安放我们的心情，有时又能激发我们的奋斗！

请尝试以小组为单位，开展一次以"高效学习"为主题的读书活动。

❶ 筛选出这一主题相关的若干优秀书籍，并分配每位组员的阅读任务。

❷ 每位成员结合个人的阅读需求，快速浏览并记录该书的框架和精华。

❸ 小组成员分享阅读所得。

在活动中，我们可以实现思维的碰撞，也可以获得高效的"批量阅读"。

二 理想信念

单元导读

　　理想，是指引我们走向未来的启智明灯；信念，是支撑我们实现理想的精神支柱。

　　在《易经》"天行健，君子以自强不息；地势坤，君子以厚德载物"中，我们看到了中华民族的刚毅坚卓、容载万物的精神品格。

　　在大禹治水、女娲补天等神话中，我们看到了中华民族利济苍生、坚韧不拔的顽强意志。

　　在儒家的"穷则独善其身，达则兼济天下"中，我们看到了中华民族乐观进取、自强不息的理想信念。

　　在"先天下之忧而忧，后天下之乐而乐"中，有着公而忘私、居安思危的忧患意识；在"天下兴亡，匹夫有责"中，有着敢于担当、众志成城的力量；在"苟利国家生死以，岂因祸福避趋之"中，有着舍生取义、视死如归的英雄气概！而在1921年那个"轻烟漠漠雨疏疏"的七月天，在那个时代的最强音中，蕴藏着开天辟地、百折不挠的红船精神……

　　经过了五千年的风霜雨雪，中华民族依然国家昌盛、人民幸福。因为，中华民族有着如此源远流长、一脉相承的理想信念！每当民族到了危难之时，中华民族必然会出现这样一批人，他们敢于承担时代与社会所赋予的责任，不辞辛劳、无我付出，最终成为中华民族的脊梁，带领着我们走向民族的复兴——正如鲁迅先生说的："我们从古以来就有埋头苦干的人，有拼命硬干的人，有为民请命的人，有舍身求法的人。这就是中国的脊梁。"

　　愿我们承续着这些刻在民族基因中的精神力量，在岁月的磨砺中，逐渐成长为中华民族的栋梁！

中国在远古时代曾有过丰富的神话传说，但是由于年代久远，大部分在历史的潮水中散失，幸存部分主要保存在《山海经》《楚辞·天问》《穆天子传》及汉代的《淮南子》等文献中。盘古开天、女娲造人、鲧禹治水、后羿射日等耳熟能详的神话传说，实际上是远古历史的回音，它们真实地记录了中华民族在童年时代的瑰丽幻想、顽强抗争以及步履蹒跚的足印，反映了我国先民对苦难的深刻体验和忧患意识、对人类生命的珍视以及与命运抗争的精神，作为中华民族的文化源头，这些无不影响着民族精神的深层结构，也为后世各类文学提供了永恒的素材和原型。

神话三则

精卫填海

又北二百里，曰发鸠之山①。其上多柘木②。有鸟焉，其状如乌③，文首④、白喙、赤足，名曰精卫，其鸣自詨⑤。是炎帝之少女⑥，名曰女娃。女娃游于东海，溺而不返，故⑦为精卫，常衔西山之木石，以堙⑧于东海。漳水出焉，东流注于河。（《山海经·北山经》）

---

① 发鸠之山：古代传说中的山名。
② 柘（zhè）木：柘树，桑树的一种。
③ 状：形状。乌：乌鸦。
④ 文首：头上有花纹。文，同"纹"，指花纹。
⑤ 其鸣自詨（xiāo）：它的叫声是在呼唤自己的名字。
⑥ 是：这。炎帝之少女：炎帝的小女儿。
⑦ 故：所以。
⑧ 堙（yīn）：填塞。

夸父逐日

夸父与日逐走①，入日②。渴，欲得饮③，饮于河、渭④；河、渭不足⑤，北饮大泽⑥。未至⑦，道渴而死⑧。弃其杖⑨，化为邓林⑩。（《山海经·海外北经》）

鲧禹治水

洪水滔天，鲧窃帝之息壤以堙洪水⑪，不待帝命。帝令祝融⑫杀鲧于羽郊。鲧复⑬生禹，帝乃命禹卒布土以定九州⑭。（《山海经·海内经》）

（选自《山海经校注》，上海古籍出版社1980年版）

作品导读

《山海经》是一部上古时期的"百科全书"，记载了100多个邦国的风土民情，为后世勾勒出上古时期的文明与文化状态。《山海经》也是我国古代保存神话资料最多的著作，书中记录了一些异国人的奇异相貌、习性和风俗，如羽民国、长臂国、大人国、小人国等。此外，还有不少想象奇特的神话，如鲧禹治水、夸父逐日等，都深入人心、流传广远。《山海经》中的神话虽然是片段的，但不少故事已具有清晰的轮廓，有的经过缀合，可以得到较为完整的故事和形象，如精卫填海、鲧禹、西王母的传说，以及圣地昆仑山的神奇景象等。

本文所选的三篇神话中，《精卫填海》与《夸父逐日》都属于与自然抗争的悲剧神话，在想象奇特的描述之下，前者体现的是我国先民百折不回的毅力和锲而不舍的信念，后者

---

① 逐走：赛跑，竞跑。逐：竞争。走：跑。
② 入日：追赶到太阳落下的地方。
③ 欲得饮：想要喝水解渴。
④ 于：到。河、渭：即黄河、渭水。
⑤ 不足：不够。
⑥ 北：向北。大泽：大湖。传说纵横千里，在雁门山北。
⑦ 至：到。
⑧ 道渴而死：在半路上因口渴而死。道：名词作状语，在半路上。而：表修饰关系。
⑨ 弃：舍弃。其：代词，他，指夸父。
⑩ 邓林：地名。"邓""桃"古音同，邓林即"桃林"，在大别山附近河南、湖北、安徽三省交界处。
⑪ 鲧（gǔn）：人名，禹的父亲。帝之息壤：帝，指天帝。息壤，一种神土，息有生长的意义，自己生长不止，所以能堵塞洪水。堙：堵塞。
⑫ 祝融：火神之名。
⑬ 复：同"腹"。
⑭ 布：同"敷"，铺陈。九州：泛指全国土地。

则反映了人类探索大自然的顽强生命力。

《鲧禹治水》一则，则属于世界性的神话主题——洪水神话，讲述的是人与洪水斗争最终获得胜利的故事。鲧通过"息壤"来堵洪水，但最终失败了；禹借鉴了父亲的经验，采用疏导的方法，最终战胜了洪水。在这则故事中，禹的成功体现的是人类善用自然规律的智慧。而鲧作为天神，他同情人类疾苦，即使失败被杀依然系念治水，临终之前还腹中生禹，借助儿子来完成未竟事业，这一记载虽带有浪漫主义的色彩，但实际上体现的是治水英雄们舍己为人、前仆后继的精神力量。

知识链接

中国古代神话蕴藏的民族精神

中国古代神话体现了深重的忧患意识。中华民族发源于以黄河流域为中心的广阔地域。3000多年前，黄河流域除了不断出现洪水和旱灾以外，还分布着很多密林、灌木丛和沼泽地，其中繁衍着各种各样毒蛇猛兽。为了生存和发展，先民们必须既乐观又切实地面对现实生活的艰难。因此，在女娲、羿和禹的神话中，特别强调他们锲而不舍、不辞辛劳的现实精神，这与奥林匹斯诸神的享乐精神形成鲜明的对比。

中国古代神话也体现了爱护民众的思想。在女娲、后羿与大禹的神话中，这些神或英雄的行为，基本是出自对民众生命的爱护，这与以希腊神话为代表的西方神话有显著的不同。此外，还有一些我们熟悉的神话形象如龙、凤等，古籍中说"见之则天下宁"，它们的出现也为人类带来了祥瑞和安慰。

中国古代神话还体现了先民们坚韧不拔的抗争精神。生存环境的艰苦，激发了先民不屈的奋斗精神，由此而孕育出一大批敢于抗争的神话英雄，如填海的精卫、舞干戚的刑天、移山的愚公等。

神话的表现形式是夸张的，但背后所蕴藏的信息却往往有着深刻的意味。忧患意识、爱民护生、抗争精神……中华先民在长期生存发展中所积累的经验与智慧，以神话的形式传播并融入中华文明的文化基因与民族精神，成为中华民族生生不息精神长河中的中流砥柱。

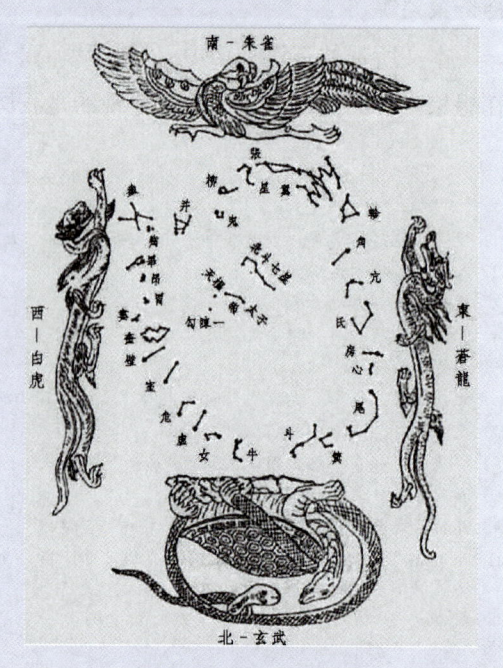

思考探究

❶ 以洪水为主题和背景的神话，在世界各地普遍存在，如《山海经》中关于鲧禹治水的传说，《圣经》中关于诺亚方舟的传说。请比较这两者的不同，讨论其背后的原因。

❷ 请回忆一则你熟知的神话故事，分析其背后是否蕴含着一些历史信息或民族精神。

移动阅读

❶ **《失落的天书：〈山海经〉与古代华夏世界观》**（刘宗迪）：《山海经》自古被称为奇书，学者或据以考地理，或借之论神话，世人所津津乐道者主要是当中所记述的四海神奇。而本书则凭借缜密的分析，提出一个独具创意的观点：《山海经》原型是一张记录天文历法的月令图，该书是一本曾经对华夏世界观发生过巨大影响的"天书"。

❷ **《山海经奇》**（纪录片）：该纪录片结合典籍史料和专家讲解，对中国神话进行探讨，将《山海经》中相关神话故事进行梳理与拼接，并对相关神话的缺失部分进行了合理想象和演绎，前八集讲述了女娲造人、烛龙睁眼为昼、后羿射九日、嫦娥奔月等远古恢宏的传奇故事，后八集讲述了"涿（zhuō）鹿之战"和"大禹治水"两个时代节点的故事。

> 孔子创立的儒家学说以及在此基础上发展起来的儒家思想，对中华文明产生了深刻影响，是中国传统文化的重要组成部分。儒家思想同中华民族形成和发展过程中所产生的其他思想文化一道，记载了中华民族自古以来在建设家园的奋斗中开展的精神活动、进行的理性思维、创造的文化成果，反映了中华民族的精神追求，是中华民族生生不息、发展壮大的重要滋养。
> ——习近平总书记在纪念孔子诞辰2565周年国际学术研讨会上的讲话

论语三则①

一

子②曰："学而时习③之，不亦说乎④？有朋自远方来⑤，不亦乐乎？人不知而不愠⑥，不亦君子⑦乎？"（《论语·学而》）

二

子曰："吾十有五而志于学，三十而立，四十而不惑⑧，五十而知天命⑨，六十而耳顺⑩，七十而从心所欲，不逾矩⑪。"（《论语·为政》）

---

① 选自《论语》。节选内容原见于各章之中，这里按照在原书中出现的先后顺序排列。《论语》是我国先秦时期一部语录体散文集，共二十篇。主要记载孔子及其弟子的言行，由孔子弟子及其再传弟子记录编纂而成，是研究孔子学说及先秦儒家思想的一部重要著作。
② 子：先秦时对有学问、有道德修养的人的尊称。这里指孔子。下同。
③ 时：经常，一说按时。习：孔子所说的学习，包括政治、道德、礼仪、音乐、射箭、驾车等多方面的内容，因而这个"习"字也包含温习、练习、实习等多方面的意思。
④ 说(yuè)：同"悦"，高兴、愉快。
⑤ 朋：指志同道合的人。
⑥ 知：了解。愠(yùn)：含怒，怨恨。
⑦ 君子：论语的"君子"，有时指"有德者"，有时指"有位者"，这里是指有道德修养的人。
⑧ 不惑：不被外界事物所迷惑。
⑨ 天命：指不能为人力所支配的事情。
⑩ 耳顺：能够倾听各种不同意见。
⑪ 从心所欲：随心所欲。逾：逾越。矩：规矩。

三

卫灵公问陈①于孔子。孔子对曰："俎豆之事②，则尝闻之矣；军旅之事，未之学也。"明日遂行。

在陈绝粮，从者病，莫能兴③。子路愠见曰："君子亦有穷乎？"子曰："君子固④穷，小人穷斯滥矣⑤。"（《论语·卫灵公》）

（选自《论语译注》，中华书局1980年版）

📖 作品导读

《论语》开篇，将为学、交友和修己放在首章，强调了三种不同状态的快乐。"说"，即"悦"，指从知行合一的学习实践中获得内在的喜悦。"乐"，点出了志同道合的朋友久别重逢之后促膝长谈的喜悦。"不愠"，是人格修养到达一定境界之后，内心时刻保持的一种恬淡之乐。此篇为我们揭开了学习、交友、修身的真谛，提醒我们把快乐建立在内心丰富、修养进阶、高度自律之上，唯有这样的快乐，才是真实而长久的。

在《为政》篇中，孔子自述了道德修养的过程，也是他在垂暮之年对自己一生的概括和总结：十五岁立志学问（求知与人格修养），这一志向终身未变且历久而弥坚；三十岁时有所成就，在思想上也形成了一些基本的观点和立场。四十岁时，因为经历了人生的各种磨炼，形成了坚定的意志和坚忍的品性，遇到事情也不再感到困惑；年过半百后，经过了许多挫折和失败，深知世事演变不是完全依个人的意志为转移的，故而乐知天命；六十岁时，在经过长期的学习、实践和思索之后，对世事、知识和学理豁然贯通，所以无论什么意见皆能听取。到了古稀之

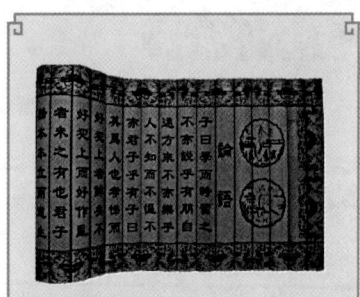

《论语》是一部以记言为主的语录体散文集，主要以语录体的形式记录了孔子及其弟子的言行，集中体现了孔子的政治、审美、道德伦理和功利等价值思想，对中国文化产生了深远的影响。作品辞约义富，用意深远，能在简单的对话和行动中展示人物形象。

---

① 陈：即"阵"字。
② 俎豆之事：俎和豆都是古代盛肉食的器皿，行礼时用它，因之借以表示礼仪之事。这种用法和泰伯篇第八的"笾豆之事"同。
③ 兴：起。
④ 固：固守，安宁。
⑤ 穷斯滥矣：斯，就。滥，泛滥，指胡作非为。

年，已经能够按照心中所想行事又不会超出规矩，进入自由之境。

《卫灵公》篇中，记载了孔子生平中一次重大的困境。在孔子周游列国时，一次在陈蔡之间，由于陈蔡两国的大夫害怕孔子即将前往楚国会危及他们的利益，于是将其与弟子围困于野外，以致断粮七日，许多弟子都饿病了，史称"陈蔡绝粮"。即便环境如此艰难，孔子仍旧"弦歌不衰"，并教导弟子无论穷通，都应恪守信念。孔子一生历经磨难，但依然乐观、上进，保持如松柏般凛然秉直的追求。

孔子是《论语》一书描述的中心，书中不仅有关于他的仪态举止的静态描写，而且有关于他的个性气质的传神刻画。后世司马迁根据《论语》及其他典籍中的记载，撰写了《史记·孔子世家》，为后人了解孔子提供了全面而详尽的传记史料。孔子的一生启示我们：即使命运坎坷，但只要秉持信念、坚定前行，生命也能迸发耀眼的光芒！

知识链接

孔子学琴

孔子学鼓琴师襄子，十日不进。师襄子曰："可以益矣。"孔子曰："丘已习其曲矣，未得其数也。"有间，曰："已习其数，可以益矣。"孔子曰："丘未得其志也。"有间，曰："已习其志，可以益矣。"孔子曰："丘未得其为人也。"有间，有所穆然深思焉，有所怡然高望而远志焉。曰："丘得其为人，黯然而黑，几然而长，眼如望羊，如王四国，非文王其谁能为此也！"师襄子辟席再拜，曰："师盖云文王操也。"（《史记·孔子世家》）

孔子困于陈蔡之间

孔子穷于陈蔡之间，七日不火食，藜羹不糁，颜色甚惫，而犹弦歌于室。

颜回择菜于外，子路、子贡相与言曰："夫子再逐于鲁，削迹于卫，伐树于宋，穷于商周，围于陈蔡，杀夫子者无罪，藉夫子者无禁。弦歌鼓琴，未尝绝音，君子之无耻也若此乎？"

颜回无以应，入告孔子。孔子推琴喟然而叹曰："由与赐，细人也。召而来，吾语之。"

子路子贡入。子路曰："如此者可谓穷矣！"

孔子曰："是何言也！君子通于道之谓通，穷于道之谓穷。今丘抱仁义之道以遭乱世之患，其何穷之为！故内省而不疚于道，临难而不失其德，天寒既至，霜雪既降，吾是以知松柏之茂也。陈蔡之隘，于丘其幸乎！"（《庄子·让王》）

思考探究

❶ 谈谈你对孔门三乐的理解。

❷ 结合过往所学与本课内容，说说孔子具有哪些珍贵的品质。

移动阅读

❶ 《典籍里的中国——论语》（纪录片）：该片以别开生面的形式，将《论语》的成书与传播、孔子与弟子之间的经典故事、《论语》中贯穿始终的"仁"学思想，通过穿越小剧场的形式联结起来，以展现孔子对理念信念的坚持、孔子与弟子之间的感情以及《论语》在后世的影响，以此致敬先贤穿越时空、惠泽后人的思想之光。

❷ 《永不妥协的大生命——孔子的一生》（李山）：作者用轻松、通俗易懂的语言讲述了一个不一样的孔子。这个孔子不是高高在上的，也不是深沉学究的，而是一个有血有肉、有脾气有性格的孔子。通过作者的叙述，有助于读者了解到，虽然孔子在现实层面没能实现自己的政治理想，但在精神层面上，孔子却拥有一个常人难以企及、乐观通透的精神世界。

古往今来，多少文人骚客为洞庭湖写下动人的诗章。对"八百里洞庭"的偏爱，始于爱国诗人屈原的一句"洞庭波兮木叶下"，由此赋予了洞庭湖以无限的诗意，引发后世诗人借此抒情感怀。张孝祥的这首《念奴娇·过洞庭》，是其中一首佳作，展现了词人的浩然正气与阔大胸襟。

［明］ 戴进　月下泊舟图

念奴娇·过洞庭

［宋］张孝祥

《念奴娇·过洞庭》

　　洞庭青草①，近中秋、更无一点风色。玉鉴琼田②三万顷，著我扁舟③一叶。素月分辉，明河④共影，表里俱澄澈⑤。悠然心会，妙处难与君说。

　　应念岭海经年⑥，孤光自照⑦，肝胆皆冰雪⑧。短发萧骚襟袖冷⑨，稳泛沧浪⑩空阔。尽挹西江⑪，细斟北斗⑫，万象⑬为宾客。扣舷独啸，不知今夕何夕⑭。

（选自《全宋词》第三册，中华书局1994年版）

---

① 洞庭：洞庭湖，在今湖南省境内。青草：青草湖，与洞庭湖相连。
② 玉鉴琼田：形容月光下湖面皎洁。鉴，镜子。琼，美玉。
③ 著：附着。扁舟：小船。
④ 明河：银河。
⑤ 表里：从外到内。表指外界，里指内心。
⑥ 岭海：指五岭以南的两广地区。经年：一年。作者曾在广西做了一年多的官员。
⑦ 孤光：月光。
⑧ 肝胆：一作"肝肺"。冰雪：比喻心地光明磊落像冰雪般纯洁。
⑨ 萧骚：稀疏。萧骚一作"萧疏"。襟袖冷：形容衣衫单薄。
⑩ 沧浪：青苍色的水。沧浪一作"沧溟"。
⑪ 挹：舀（水）。一作"吸"。西江，指长江中下游。此处是借用唐朝禅宗马祖"等汝一口挹尽西江水"的话头，表明为人处世心胸开阔。
⑫ 细斟北斗：用北斗七星组成勺子来细细斟酒。《诗经·小雅·大东》："维北有斗，不可以挹酒浆"，《九歌·东君》："援北斗兮酌桂浆"。
⑬ 万象：天地万物。
⑭ 今夕何夕：今夜是怎样的夜晚啊。

📖 作品导读

公元1166年（宋孝宗乾道二年），张孝祥因受政敌谗害而被免职。他从桂林北归，途经洞庭湖，即景生情，写下了这首《念奴娇·过洞庭》。张孝祥在广南西路经略安抚使任上，"治有声绩"，却落职北征。在这首词中，他用"肝胆皆冰雪"和"尽挹西江，细斟北斗，万象为宾客"，来表达自己的人格与气概。词中描写陶醉自然、物我同一的境界，已然远超个人遭际这一意义上的内涵，成为具有更广泛审美意义的名篇佳作。

词人以"洞庭青草，近中秋、更无一点风色"一句起首，以简明之笔点明地点、时令、气候，同时也将读者引入诗境：洞庭湖，久负盛名，古往今来，文人骚客，在此留下多少动人的诗章，因此"洞庭"二字已然蕴含着许多诗意。此时又是洞庭湖最美的季节——"近中秋"，所以无影、无形、无色的风，在词人的眼中，仿佛有了色彩。

"玉鉴琼田三万顷，著我扁舟一叶"，描绘出这样一幅画面：在月色的辉映下，洞庭湖平静如水，明亮如玉，在这浩渺的天地间，只泛着一叶扁舟。将"三万顷"以"扁舟一叶"作为映衬，呈现出一种茫茫宇宙与渺小个体融为一体的意境。接着，词人在已然是极美的画卷上，又添上数笔："素月分辉，明河共影，表里俱澄澈"。此时，天光水影，一片通明，一片琉璃世界。人在船上，船在湖上，湖在天地之间，词人于是觉得与天地融成了一体。"表里俱澄澈"，不仅写出了此时的景致与词人的心境，事实上，也是词人思想境界的艺术写照，饱含深意。

张孝祥
（1132—1170）

张孝祥，字安国，别号于湖居士，唐代诗人张籍七世孙，南宋著名词人、书法家。《全宋词》辑录其223首词。

张孝祥自幼资质过人。二十三岁时参加延试，高宗亲自将其擢为第一，居秦桧孙秦埙之上。由于上书为岳飞辨冤，为当时权相秦桧所忌，秦桧指使党羽诬陷其父张祁有反谋，并将其父下狱。张孝祥因此牵连受难，幸而秦桧不久身死，才结束了这段艰难的时期。

当人们面对自然美景或陶醉于艺术享受中时，往往难以表达心中的触动与感受，这是一种"此中有真意，欲辨已忘言"的审美体验。此时洞庭湖如同光洁透明的琉璃世界，让词人也进入这种审美境界，不免慨叹："悠然心会，妙处难与君说。"

此词上片着重写的是洞庭之景，下片则着重抒情写心；上片写外物之澄净，下片则写内心之澄净："应念岭表经年，孤光自照，肝胆皆冰雪"。"孤光"典出苏轼《西江月》"中秋谁与共孤光"，诗人以孤月为伴，引清光相照，不仅写出月亮的孤冷光洁，也表达了不为人所理解、也无须被理解的情态。"肝胆皆冰雪"与上片"表里俱澄澈"相呼应，以冰雪的洁白晶莹比喻自己襟怀的光明磊落。

词人一生"湖海平生豪气",澄澈如冰雪,却遭际困顿。"短发萧骚襟袖冷",此时月夜清冷,衣服单薄,凉意顿生,更重要的是官场人情冷暖,不免有萧条冷落之感。然而这只是词人宕下的一笔,下一句"稳泛沧浪空阔",既是眼前情景的再现,又是词人坦荡豪迈人生态度的写照,堪与苏轼名句"也无风雨也无晴"相媲美。

"尽挹西江,细斟北斗,万象为宾客",承"稳泛沧浪"句而出。词人驾着一叶扁舟,荡桨于浩渺无垠的水面上,他忽发奇想,要尽汲西江之水为美酒琼浆,要举起北斗七星作酒杯,广请万象(天地万物)为宾客——一位罢职之人,渺小地悠游在广袤的波光里,却忽然成为大千世界的主宰,这是何等浪漫与气势。

"扣舷独啸"承续上文,此情此景,词人胸中豪情万丈,唯有借敲击船沿、仰天啸歌以抒发,以至"不知今夕何夕",已然忘情于这月白无风之夜,忘情于与大自然交融之中。此处化用了苏轼"扣舷而歌之"(《前赤壁赋》)"起舞徘徊风露下,今夕不知何夕"(《念奴娇·中秋》)二句。词人一直以苏轼为榜样,而两位词人的气质、性格与遭遇也非常接近,词中多处典出苏轼的作品,也可见一斑。

此词意境深邃,想象瑰丽,真正做到了"宠辱不惊,闲看庭前花开花落;去留无意,漫观天外云舒云卷",是一首表现浩然正气的绝妙好词。

知识链接

公元1168年(宋孝宗乾道四年),即写下《念奴娇·过洞庭》的两年后,张孝祥由潭州(今湖南长沙)调知荆南(荆州,今湖北江陵)兼荆湖北路安抚使时,沿湘江入洞庭湖时,又写下这首《浣溪沙·洞庭》:

行尽潇湘到洞庭。楚天阔处数峰青。旗梢不动晚波平。

红蓼一湾纹缬乱,白鱼双尾玉刀明。夜凉船影浸疏星。

相较《念奴娇·过洞庭》,此词更为平和,描绘出一幅境界开阔而又幽静的山水画面,同时显示出词人留恋自然界的心态。

思考探究

❶ 有人认为词中"表里俱澄澈"一句体现了物境和心境合一的境界,谈谈你对这句话的理解。

❷ 身处逆境,最能考验一个人的品格和精神力量。请结合张孝祥写作此词的背景,谈谈如果在生活中遇到困阻,如何提高志气、迎难而上。

移动阅读

❶《宋之韵——辛词前奏》（纪录片）：本片讲述了南宋初年豪放词派代表人物——张元干和张孝祥的名作与创作背景，其中张孝祥的性格和气质与苏轼相近，词风也有相似之处。他是第一个明确地表示要向苏轼学习的词人，上承苏轼的清旷超逸，下启辛弃疾的雄遒豪壮，在南宋豪放词派别的发展上具有承前启后的作用。

❷《百家讲坛——杨雨话中秋》（电视节目）：宋人过中秋喜热闹，而张孝祥在《念奴娇·过洞庭》中却提出中秋赏月的四种条件，并特别强调"孤独"的必要性。片中分析个中原因，认为与宋朝的历史背景、词人的生平经历有关：靖康之难后，中原沦陷，南宋苟安。张孝祥一生主战，却屡遭主和派的打压，因此几番被贬。此词作于从桂林任上被贬谪归家的路上，面对中秋的洞庭月景，词人写下了这首词，以表达自己以月为知音、不为人所理解的坦荡与孤高。

> 每个人都曾在人生的某个时刻感到过迷茫或困惑,不知道未来会怎样?李白曾在仕途失意、理想破灭的时候写下了千古名句"长风破浪会有时,直挂云帆济沧海",体现了他不畏现实所阻,誓为理想而奋争的雄心壮志。时隔1200多年后,又一位天才的诗人用同样的激情,写下了《相信未来》的醒世之作。即使在最黑暗的时刻,他依然怀揣希望,坚定地相信未来。这首诗感动和温暖了一代又一代人,激励着无数人在困境中寻求希望。

相信未来

食指

当蜘蛛网无情地查封了我的炉台
当灰烬的余烟叹息着贫困的悲哀
我依然固执地铺平失望的灰烬
用美丽的雪花写下:相信未来

当我的紫葡萄化为深秋的露水
当我的鲜花依偎在别人的情怀
我依然固执地用凝露的枯藤
在凄凉的大地上写下:相信未来

我要用手指那涌向天边的排浪
我要用手掌那托起太阳的大海
摇曳着曙光那枝温暖漂亮的笔杆
用孩子的笔体写下:相信未来

我之所以坚定地相信未来
是我相信未来人们的眼睛——
她有拨开历史风尘的睫毛
她有看透岁月篇章的瞳孔

不管人们对于我们腐烂的皮肉

《相信未来》

那些迷途的惆怅、失败的苦痛
是寄予感动的热泪、深切的同情
还是给以轻蔑的微笑、辛辣的嘲讽

我坚信人们对于我们的脊骨
那无数次地探索、迷途、失败和成功
一定会给予热情、客观、公正的评定
是的，我焦急地等待着他们的评定

朋友，坚定地相信未来吧
相信不屈不挠的努力
相信战胜死亡的年轻
相信未来、热爱生命

（选自《食指的诗》，人民文学出版社2000年版）

作品导读

食指的诗歌以其深刻的思考和独特的视角在文学界产生了广泛的影响，他也被誉为"新诗潮诗歌第一人"。

《相信未来》以其坚定的信念、激昂的情感和鲜明的时代特色，成为中国现代诗歌的经典之作。整首诗分为三个部分，前三节为第一部分。诗人一开头就用了"蜘蛛网""炉台""余烟""灰烬"等几个意象，向人们展现了那个年代生活的困境和无奈。而诗人却用代表着纯洁、明亮的雪花写下——相信未来。不但没有被现实击垮，反而在艰难的生活中坚定了对未来的信念。接着第二节，由代表生命亮色的"紫葡萄""鲜花"到沁着生命暗色的"深秋的露水""别人的情怀"，诗人将人生中的种种失意、不公的记忆一一勾起，但他并未被现实裹挟，依旧用"凝露的枯藤"写下：相信未来。这份从苦难中升起的信念不得不令人动容。随后，诗人的满腔豪情在第三节被推向高潮，排浪一样的手指、大海一样的手掌、曙光一样的笔杆充满了画面感，昂扬的气势喷薄出想象的极峰。接着诗人借用"孩

食 指
（1949—1992）

食指，原名郭路生，1948年出生于山东。中国当代诗人，朦胧诗代表人物，代表作有《海洋三部曲》《相信未来》《这是四点零八分的北京》等。

子",这一纯真美好同时也是幼稚脆弱的象征,缓和了之前激昂的情绪。这三节,一咏三叹,奏出了诗人心底在痛苦现实中不屈的最强音。

四到六节为第二部分,诗人进一步阐述了为什么要相信未来,通过对未来人们眼睛的描绘,既歌颂了人类伟大的智慧,也表达了诗人对未来充满希望的信念。第五节中,诗人将"我"升级为"我们",呈现出个人融入集体的无意识感。诗人坚信未来"人们对于我们的脊骨""一定会给予热情、客观、公正的评定",并"焦急地等待着他们的评定"。最后一部分则以呼唤人们带着对未来的信念去努力、去热爱、去生活的方式结束,使整个诗歌结构完整,意蕴深长。

在诗歌的语言运用上,食指以其质朴、真切的语言,传递了深刻的情感和哲理。诗歌中既有对生活苦难的描写,又有对未来充满希望的呼唤。这种对比鲜明的语言风格,使得诗歌更具艺术感染力和思想深度。

知识链接

朦胧诗,是兴起于20世纪70年代末80年代初的一种诗歌流派,其代表人物有北岛、舒婷、顾城、欧阳江河、杨炼等。作为一个创作群体,"朦胧诗"并没有形成统一的组织形式,也未曾发表宣言,然而却以各自独立又呈现出共性的艺术主张和创作实绩,构成一个"崛起的诗群"。以下是朦胧诗的代表诗作节选。

❶ 卑鄙是卑鄙者的通行证/高尚是高尚者的墓志铭。——北岛《回答》

❷ 重逢/总是比告别少/只少一次。——北岛《黑色地图》

❸ 夜深了/风还在街上/像个迷路的孩子/东奔西撞。——芒克《城市》

❹ 我们分担寒潮、风雷、霹雳/我们共享雾霭、流岚、虹霓/仿佛永远分离/却又终身相依。——舒婷《致橡树》

❺ 一分钟落日,多出一分钟晨曦/一分钟今生,欠下一分钟来世/一分钟,天人老矣。——欧阳江河《一分钟,天人老矣》

思考探究

1. 诗人反复咏唱"相信未来",这对表现他的感情有什么作用?
2. 怎样理解"相信战胜死亡的年轻"这句话?
3. 请简析本诗意象上选取的特点及作用。

移动阅读

1. 《热爱生命》(食指):《相信未来》的姊妹篇,诗中传递了一种历经沧桑,初心不改的人生态度,表达了诗人对生命的崇敬与珍视。全诗语言优美、情感真挚,是一曲顽强奋进的生命之歌。
2. 《面朝大海,春暖花开》(海子):现代抒情诗,诗人将直抒胸臆与暗示、象征手法结合起来,使全诗既清澈又深厚,既明朗又含蓄,表现了诗人对质朴、单纯而自由的人生境界的向往,对"永恒"、未知世界的探寻精神。

实践活动

大学时期,是人生自我重塑、素质提升的重要阶段。每个人的人生,是由我们的理想、我们的努力、我们的性格与习惯决定的。

请以"美好的大学生活"为主题,设计一份大学生活的规划。

1. 从学业、生活、健康、就业等方面设定若干个目标。
2. 尝试将目标化解为每天可完成的打卡小任务。
3. 请利用打卡软件坚持一段时间,观察、记录自己的变化,并进行相应的调整。

愿你将理想目标化为每天的小习惯,三年后,当你再翻开这份计划时,能够不负时光不负己。

三

情感体验

―◦ 单元导读 ◦―

　　情感是人类独特的心理现象，是一种与生俱来的情感体验。情感也是我们与世界和他人交流的重要方式，在我们的生活中扮演着重要的角色。

　　亲情是一种独特而深厚的感情，是亲人之间的爱和关怀。《蓼莪》中，便有着千百年来一片至真至性的孝思之情。

　　爱情是较为复杂和强烈的感情之一，能使人怦然心动，也会令人痛苦不堪。《有所思》中，就生动地反映了这种炙热浓烈的体验。

　　《永遇乐·元宵》让我们看到，国泰民安时人们能感受到现世安稳的幸福，民族危难时百姓会体验到山河破碎的悲苦。

　　《提醒幸福》提醒我们，要注意幸福、拥有感受幸福的能力，就像在寒冷的日子里经常看看太阳，心里不知不觉就暖洋洋、亮光光。

　　亲情、爱情，幸福、痛苦……这些具有共通性的人类情感，在这一章的诗文中纷至沓来，那些苦涩中蕴含的真挚与善良、艰难中散发的乐观与坚强，会让我们更加珍惜生命中每一种不可复刻的情感体验。

在我国东北、华北等地，有时候会在堤岸、田边见到这样一种植物：它长着细密的针状叶子，簇簇丛生好似一片青雾，到了开花的季节，便开出嫩黄的小花，在晚春的风里轻轻摇曳，颇有风致。因为它常常抱根丛生，古人认为这如同孩童依恋父母的情状，所以称之为"抱娘蒿"。而在我国第一部诗歌总集——《诗经》中，就出现了由它而起兴的一首感人歌谣。

蓼莪①

蓼蓼者莪，匪莪伊蒿②。
哀哀父母，生我劬劳③。

蓼蓼者莪，匪莪伊蔚④。
哀哀父母，生我劳瘁。

瓶之罄⑤矣，维罍⑥之耻。
鲜⑦民之生，不如死之久矣！
无父何怙⑧，无母何恃！
出则衔恤，入则靡至⑨！
父兮生我，母兮鞠⑩我。
拊我畜我⑪，长我育我，

---

① 本篇选自《诗经·小雅》。蓼(lù)：高大的样子。莪(é)：一种多年生草本植物，即莪蒿，俗称抱娘蒿。李时珍《本草纲目》："莪抱根丛生，俗谓之抱娘蒿。"
② 匪：同"非"，不是。伊：是。蒿：一种野草，有青蒿、白蒿等数种。
③ 哀哀：表示悲哀的叹词。劬(qú)劳：辛苦劳累。
④ 蔚：蒿的一种，又名牡蒿，可药用。
⑤ 瓶：汲水的器具。罄：尽。
⑥ 罍：盛水或酒的器皿。
⑦ 鲜(xiǎn)：孤、寡。
⑧ 怙(hù)：与下句的"恃"都是依靠之意。
⑨ 衔恤：满怀忧伤。靡：没有。至：亲人，指父母。《说文》："亲，至也。"
⑩ 鞠：养。
⑪ 拊(fǔ)：通"抚"，抚爱。畜：喜爱。

顾我复我①，出入腹我②。
欲报之德，昊天罔极③！

南山烈烈④，飘风发发⑤。
民莫不穀⑥，我独何害！

南山律律⑦，飘风弗弗⑧。
民莫不穀，我独不卒⑨！

（选自《诗经译注》，上海古籍出版社2004年版）

作品导读

1922年，梁启超曾应邀作了一场演讲，题目为《中国韵文里头所表现的情感》。他在讲演中提出中国诗歌有三种表达感情的方法：一是奔进的表情法，二是回荡的表情法，三是含蓄蕴藉的表情法。《诗经》中的《蓼莪》即属于第一种，其情感表达是忽然奔进一泻无余的，"哀哀父母，生我劬劳"八个字是连泪带血迸出来的。梁启超一边讲解一边朗诵，给听者留下深刻印象，梁实秋还因此写了一篇回忆文章。

演讲中提到的《蓼莪》，是一篇悼念父母恩德的诗作，抒发了失去父母的孤苦和未能终养父母的遗憾。诵读此诗，感情确实十分强烈、激荡。前两节以"蓼蓼者莪"起兴，诗人自恨不如丛生的抱娘蒿，而是散生的蒿、蔚，由此而联想到父母生养"我"的劬劳、劳瘁；中间两节写儿子失去双亲的痛苦和父母对儿子的深爱，诗人连用"生""鞠""拊""畜""长""育""顾""复""腹"九个动词，不厌其烦地再现父母养育恩情，语拙情真，声促调急，如泣如诉；父母恩德如此，可却"子欲养而亲不待"，撕心裂肺之痛，让诗人发出了悲恨绝望的呼喊："欲报之德，昊天罔极！"末两节以"南山""飘风"起兴，烘托肃杀悲戚的气氛，极言自己遭遇父母双亡、无法尽孝的剧痛与悲凉。

---

① 顾：照看。复：庇护。
② 腹：抱在怀里。
③ 昊天：苍天。罔极：无常，无道。
④ 烈烈：高峻的样子。
⑤ 飘风：暴风。发发：同"拨拨"，形容风声迅疾。
⑥ 穀：善。害：灾害，祸殃。
⑦ 律律：同"烈烈"，高耸的样子。
⑧ 弗弗：风吹声，呼呼。
⑨ 卒：终，指为父母养老送终。

全诗情景交融，虚实相衬，表达了诗人一片至真至性的孝思之情，被清人方玉润称为"千古孝思绝作"。孝感父母，是中华传统文化的优良传统与美德，此诗是最早表现这一美德的诗作，对后世影响极大，而《诗经》这部典籍对民族心理、民族精神的影响也可见一斑。

知识链接

《诗经》中的植物

参差荇菜，左右流之。
窈窕淑女，寤寐求之。
——《国风·周南·关雎》

荇菜：属浅水性植物。叶片形睡莲，小巧别致，鲜黄色花朵挺出水面，花多且花期长，是庭院点缀水景的佳品。

采采芣苢，薄言采之。
采采芣苢，薄言有之。
——《国风·周南·芣苢》

芣苢：即车前草，多年生草本，根茎短而肥厚，着生多数须根，叶和种子都可以入药。

投我以木瓜，报之以琼琚。
匪报也，永以为好也。
——《国风·卫风·木瓜》

木瓜：非今日之木瓜，而是一种落叶灌木，蔷薇科，花朵果实长椭圆形，色黄而香。

思考探究

1. 结合本诗,分析诗中赋比兴表现手法的运用。
2. 请扫码阅读《合欢树》,并谈谈它与《蓼莪》中在情感表达上的异同点。
3. 诗中如何描写父母的养育之恩?请结合生活实际,谈谈应当怎样孝敬父母。

移动阅读

1. 《诗经选》(余冠英):《诗经选》精选106首诗,并逐一进行了注释、今译。编者为著名古典文学研究者余冠英先生,他毕生致力于古典文学的教学和研究,治学严谨,见解精到。该选本选目得当,注释简洁,译诗畅达而富于诗味。
2. 《合欢树》(史铁生):史铁生写作的一篇追忆母爱的文章,写于1984年。这一年,史铁生继1983年以《我的遥远的清平湾》获得全国优秀短篇小说奖之后,又一次获奖,心情自然是喜悦的。然而,想到为自己付出一生辛劳的母亲已经不在人世,于是在柔肠百转之中写下了这篇于平淡中蕴含着至深亲情的文章。

《合欢树》

李泽厚先生在《美的历程》中曾评价汉代的艺术风格具有"古拙的特点",有一种"狂放的气势""蓬勃旺盛的生命力"。不惟艺术如此,当我们读汉代乐府诗时,也能发现这一艺术特点。

有所思①

有所思②,乃在大海南。
何用问遗君③?
双珠瑇瑁簪④,用玉绍缭之⑤。
闻君有他心,拉杂摧烧之⑥。
摧烧之,当风扬其灰。
从今以往,勿复相思。
相思与君绝⑦!
鸡鸣狗吠,兄嫂当知之⑧。
(妃呼豨⑨)
秋风肃肃晨风飔⑩,东方须臾高知之⑪。

(选自《乐府诗集》,中华书局1979年版)

---

① 本篇选自《乐府诗集·鼓吹曲辞一·汉铙歌十八首》,最早见于《宋书·乐志》。写一位女子要与情人断绝关系,却又不能完全断绝的炽烈复杂感情。有所思,有所爱之意。
② 有所思:指她所思念的那个人。
③ 何用:拿什么。问遗(wèi):"问""遗"二字同义,作"赠与"解,是汉代口语中习用的联语。
④ 瑇瑁(dài mào):即玳瑁,一种龟类动物,其甲壳可做成各种装饰品。双珠,系在簪端头的宝珠。簪:古人用来插挽发髻的发饰。
⑤ "用玉":意为以玉饰簪,以表示她的深情。绍缭,犹"缭绕",缠绕。
⑥ 拉杂:胡乱,不再珍惜之意。摧烧之:指把"双珠瑇瑁簪"摧毁烧坏。
⑦ 相思与君绝:与君断绝相思。
⑧ "鸡鸣"两句:写女子回想当初和男子幽会时的情景,觉得旧情难舍。
⑨ 妃呼豨:妃(bēi),"悲",呼豨(xū xī),"嘘唏",叹息之声。一说古乐曲中的助声字,无实义。
⑩ 肃肃:飔飔,风声。晨风飔(sī):闻一多《乐府诗笺》认为"晨风,就是雄鸡,雄鸡常晨鸣求偶,一说飔作'冰凉'解,'晨风飔',即晨风凉。
⑪ 须臾:不一会儿。高:同"皓",白。"东方高",即东方发白,天色渐明。此是自我安慰之词,意为天亮之后我就会知道应该怎么办了。

作品导读

《有所思》是汉代乐府民歌中的一首著名恋歌，它以曲折回环的笔法和简洁明快的语言，生动地再现了女主人公热恋—绝交—犹豫的心路历程。依据女主人公心态的变化，全诗呈现出了三个感情层次。

从"有所思"到"用玉绍缭之"，展现的是第一个情感层次——热恋。所思之人远隔在大海之南，怎样表达对他的灼热相思呢？女子选择了一支玳瑁发簪作为礼物赠送对方，这支发簪不仅用料高贵，而且还经过姑娘的精心装饰。"簪"本来已极精美，而她却仍觉得不足以寄托她的满腔情思，还要"用玉绍缭之"，可见她对男方情意何等真挚，何等热烈！

从"闻君有他心"到"相思与君绝"，展现的是第二个情感层次——绝交。当听到情人变心的消息传来，意识到自己纯真的情感被欺骗时，痛苦和愤怒撕扯着她的心。骤然之间，一腔柔情化作了愤怒，她的第一个反应，是把精心制作的簪子折碎、焚毁，并且还要"当风扬其灰"。态度是那样的坚决果断，与前面的精心修饰相对，比衬强烈地表现了女子由爱转恨的情绪变化。

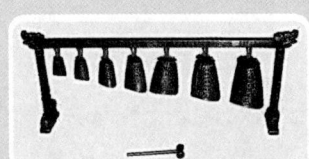

乐府，是秦汉时期掌管音乐的管理部门，其职责是采集民间流传的歌谣或诗歌，并将这些作品进行整理、改编、演奏等。这些经由乐府搜集、整理和改编而保存下来的汉代诗歌，被称作"汉乐府"。

汉乐府以生动的笔触、鲜明的形象、坦率的情意，体现了汉代人民的苦与乐、爱与恨，以及他们的人生态度，给读者以强烈的艺术感染和审美享受。

从"鸡鸣狗吠"到"东方须臾高知之"，展现的是第三个情感层次——犹豫。一阵强烈的愤怒和发泄之后，女子的心情渐渐恢复了平静。此时，昔日定情幽会、惊动鸡犬的景象在脑际浮现，而兄嫂知情、人言可畏的顾虑也涌上了心头。难以忘怀的情感，与怕引起误解非议的忧惧，使她陷于痛苦犹疑之中而彻夜难眠。言有尽而意无穷，诗歌结尾委婉地反映了这位女子"剪不断、理还乱"的苦闷心理。

本诗通过具体行动的细致描叙，将女主人公失恋前后的心理活动，刻画得淋漓尽致，曲折入微。这种心路历程，既有鲜明的个性特征，又有普遍的典型意义，能够引起读者的共鸣与启发，这正是《有所思》的魅力所在。

知识链接

中国古代女子头饰

笄，古代女子用以装饰发髻的一种簪子，用来插住挽起的头发，或插住帽子。在古代汉族女子十五岁时的表示成年的及笄礼中利用的簪子，便是这个发饰。

簪，由笄升级换代而来，用来绾定发髻或冠的长针。簪在形制上和笄没有什么差别，只是装饰上更漂亮了，汉武帝李夫人便使用了簪子，证明笄最晚在汉代已经完成了转变。

钗，由两股簪子交叉组合成，形状为两条金属丝，到最后绞成一股。从材质上可分为金钗、玉钗、宝钗、裙钗等。

钗和簪的区别是"簪"是单股，而"钗"是由两股簪子交叉组合成。

步摇，多以黄金屈曲成龙、凤等形式，其上缀以珠玉，花式愈繁，材料主要有金、银、玉、玛瑙等。步摇的重要特点是带流苏，而簪子只是简单的一个造型，细节比步摇要简约得多，所以步摇多为皇室贵族女子使用，而钗、簪则是寻常百姓家的女性常用头饰。

明代玉笄

元代双龙莲花形金钗

清代金嵌珍珠宝石松竹灵寿纹簪

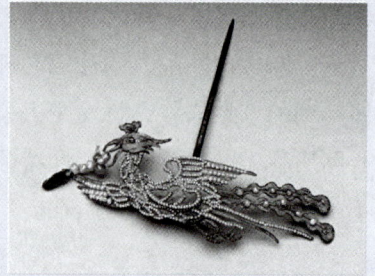
清代点翠嵌珠宝翔凤步摇

思考探究

❶ 请你谈谈对《有所思》中女主人公心路历程的理解。

❷ 本诗与《诗经》中的《氓》都是古代有名的婚恋类诗歌,请阅读《氓》,对比两首诗的异同点。

氓

氓之蚩蚩,抱布贸丝。匪来贸丝,来即我谋。送子涉淇,至于顿丘。匪我愆期,子无良媒。将子无怒,秋以为期。

乘彼垝垣,以望复关。不见复关,泣涕涟涟。既见复关,载笑载言。尔卜尔筮,体无咎言。以尔车来,以我贿迁。

桑之未落,其叶沃若。于嗟鸠兮,无食桑葚。于嗟女兮,无与士耽。士之耽兮,犹可说也。女之耽兮,不可说也。

桑之落矣,其黄而陨。自我徂尔,三岁食贫。淇水汤汤,渐车帷裳。女也不爽,士贰其行。士也罔极,二三其德。

三岁为妇,靡室劳矣;夙兴夜寐,靡有朝矣。言既遂矣,至于暴矣。兄弟不知,咥其笑矣。静言思之,躬自悼矣。

及尔偕老,老使我怨。淇则有岸,隰则有泮。总角之宴,言笑晏晏。信誓旦旦,不思其反。反是不思,亦已焉哉!

移动阅读

❶ 《乐府诗选》(曹道衡):本书由著名古典文学研究名家曹道衡先生对乐府诗进行精选,并对入选的诗篇作品作注。该书选篇经典,注释简明,版本可靠,可读性较高。

❷ 《拆掉心里的墙:20岁从"心"开始的人生经营课》(马志国):20岁这一阶段,是人生旅途的重要历程,是我们心灵走向成熟的必经之路。这一阶段,我们也会心生很多困惑和迷惘:怎样取得学业的发展和成功?怎样促进自我的成熟和完善?怎样营造良好的人际关系?怎样把握自己的情感生活?怎样处理彼此的恋爱迷局?怎样化解异常心理?该书以通俗明了的语言,让读者学习转换心念,拆掉心障之墙,走向幸福彼岸。

公元1127年，金朝大举南下攻取北宋都城汴京（今河南开封），掳走宋徽宗、宋钦宗父子及大量皇族宗室，北宋至此灭亡，史称"靖康之难"。同年，宋高宗赵构即位，后建都于临安（今属于浙江杭州），史称南宋。山河破碎，百姓流离，而李清照的词作也以此为界，从早期描写安定美好生活的闲情逸致，而一改为后期表达国破家亡的孤寂与悲愤。《永遇乐·元宵》一词，正是写于宋室南渡、偏安一隅这一历史背景之下。

永遇乐·元宵①

[宋] 李清照

落日熔金②，暮云合璧③，人在何处④。染柳烟浓，吹梅笛怨⑤，春意知几许。元宵佳节，融和天气，次第岂无风雨⑥。来相召，香车宝马，谢他酒朋诗侣⑦。

中州⑧盛日，闺门多暇，记得偏重三五⑨。铺翠冠儿⑩，捻金雪柳⑪，簇带争济楚⑫。如今憔悴，风鬟霜鬓⑬，怕见⑭夜间出去。不如向，帘儿底下，听人笑语。

《永遇乐·元宵》

（选自《李清照集校注》，人民文学出版社1979年版）

---

① 这首词是李清照晚年的代表作之一。它通过对"中州盛日"的追忆，表达了词人对故国的深切怀念。
② 落日熔金：形容落日的光芒，如同一团正在熔化的黄金。
③ 暮云合璧：傍晚，行云连成一片，如白玉相合。
④ 人在何处：承上文言景色虽好，但人事已非。
⑤ 染柳二句："烟染柳浓，笛吹梅怨"的倒文。笛有《梅花落》曲，幽怨而哀伤。
⑥ 次第：接着，转眼。此句意为难道转眼间就不会起风下雨吗？
⑦ "谢他"句：辞谢朋友们的邀请。
⑧ 中州：这里指北宋都城汴京，今河南省为古豫州地，居九州之中，故称中州。
⑨ 三五：指元宵节。
⑩ 铺翠冠儿：以名贵的翡翠鸟羽毛装饰的帽子。
⑪ 捻（niǎn）金雪柳：用金线捻丝制作的一种头饰。铺翠冠儿与捻金雪柳，都是宋代富贵人家女子在元宵节喜欢佩戴的流行装饰。
⑫ 簇带：意为插满、戴满。带，通"戴"。济楚：端整、漂亮。簇带、济楚皆为宋朝方言。
⑬ 风鬟霜鬓：发髻蓬乱。这是说无心修饰打扮。
⑭ 怕见：怕得，懒得。

作品导读

李清照（1084—1155），号易安居士，出身于书香门第，早期生活优裕，靖康之变后流寓南方，境遇孤苦。她作词强调合律，崇尚典雅，提出词"别是一家"之说，其词作以婉约为主，善用白描，语言清丽，人称"婉约词宗"。

《永遇乐·元宵》当是作者后期流寓临安时所作。此词虽写元宵佳节，却一反常调，以今昔元宵的两种不同情景作对比，抒写离乱之后愁苦寂寞的情怀，同时流露出词人对故国家园的眷念之情。

上片由眼前景物抒写心境。开篇"落日熔金，暮云合璧"着力描绘元夕绚丽的景色：落日的光辉如同熔解的金子，一片璀璨，而傍晚的云霞则围簇着璧玉般的月亮。紧接着，"人在何处"一句却充满恍惚与惆怅：此时词人置身热闹繁华的临安，恍惚间又回到往时的"中州盛日"，但旋即意识到这不过是一时的幻觉。这是一种历经世事之后面对类似情景而产生的一种心境，看似突兀，实含深意。本来，既是"元宵佳节"，又是"融和天气"，应当畅快游乐，可词人却忽然"忧风愁雨"，因为词人因国难家仇与颠沛流离，早已不复往日的乐观心态。所以，即使有人热情邀请参加聚会，可她心绪落寞，无心应邀，只是婉言推辞。

下片从今昔对比中抒发对国破家亡的感慨。"中州盛日，闺门多暇，记得偏重三五"，由上片的写今转为忆昔：当年汴京繁盛的时代，自己有的是闲暇游乐的情致，而最重视的便是元宵节。词人遥想年轻时的佳节盛况，刻意写出了当年的穿戴打扮，一方面体现那时候无忧无虑的少女情怀，也从侧面反映了汴京的繁华热闹。但是，昔日的繁华欢乐早已成为不可追寻的幻梦——在历尽国破家倾、夫亡亲逝之痛后，词人不但外表已经由装扮美好的少女变为蓬头霜鬓的老妇，心境也已苍老，对外面的繁华热闹再也提不起兴致了——这也呼应了上片的"谢他酒朋诗侣"。最后"不如向，帘儿底下，听人笑语"三句，写出了词人既害怕再次面对元宵胜景，却又怀恋着往昔的繁华热闹，于是，她选择了独在家中，偷偷守在帘儿底下，听听别人家的欢声笑语——借着这他人的热闹，聊温旧日的记忆。

这首词采用今昔对照与乐景哀情相映的手法，由今而昔，又由昔而今，突出今昔盛衰的鲜明对比。此外，词人还将浅显平易而富表现力的口语与锤炼工致的书面语交错融合，形成化俗为雅、雅不避俗的语言风格。全词情景交融，构思精巧，感情真挚深沉，极具艺术感染力，以至于南宋词人刘辰翁每诵此词必"为之涕下"。

> **词**
>
> 诗、词、曲都是从民间歌曲发展而来的，所以与音乐有着密切的关系。
>
> 词又叫"曲子词""曲子""乐府""乐章""歌曲""诗余""长短句"，前五个名称与音乐有关，"诗余"点明了它的地位，"长短句"则是基于形制上的说法。

知识链接

元宵节

元宵节,又称上元节、小正月、元夕或灯节。因正月是农历的元月,古人称"夜"为"宵",正月十五是一年中第一个月圆之夜,所以称正月十五为"元宵节"。而根据道教的观念,正月十五又称为"上元节",与七月十五、十月十五并称"三元"。

元宵节的由来,有着各种版本的说法。一说是因西汉文帝为庆祝勘平诸吕之乱而定下的节日。而元宵燃灯的习俗则与佛教东传有关:东汉明帝崇敬佛法,因听闻佛教有正月十五僧人观佛舍利、点灯敬佛的做法,就敕令这天夜晚在皇宫和寺庙里燃灯敬佛,以表佛法大明,史称"燃灯表佛"。此后,元宵燃灯的习俗逐渐由宫廷传至民间。从唐代起,元宵张灯成为法定之事。唐朝实行宵禁,然而百姓在元宵节这天却可自由出门赏玩,因此便有了李商隐《观灯乐行》中的"月色灯光满帝都,香车宝辇隘通衢"。

汉代时,元宵节仅为一天,到唐代已延长至三天,宋代则长达五天,明代更是自初八点灯,一直到正月十七的夜里才落灯,是中国历史上最长的灯节。由于元宵节对于古人的日常生活而言,有着一抹浓墨重彩的狂欢意味,所以留下了许多脍炙人口的诗词:"去年元夜时,花市灯如昼","众里寻他千百度,蓦然回首,那人却在,灯火阑珊处"等。而在明清小说中,也有许多重要的情节与线索,如《红楼梦》的英莲走失、元妃省亲等,《水浒传》中的四次义军行动都发生在元宵节,当中深意,值得寻味。

思考探究

❶ 结合《如梦令·常记溪亭日暮》与《永遇乐·元宵》两首词,感受体会宋室南渡前后作者心境与词风的变化。

❷ 在《夏日绝句》一诗中,李清照表达了对宋室南渡的看法:"生当作人杰,死亦为鬼雄。至今思项羽,不肯过江东。"这首诗借古讽今,慷慨雄健,爱国激情,溢于言表。请与《永遇乐·元宵》相比照,谈谈对"诗言志,词缘情"的认识。

移动阅读

❶《惊起一滩鸥鹭》(陈祖美)：本书立足于李清照的人生轨迹，将李清照的故事与诗词相互映衬，全面地呈现了李清照的人生历程与内心世界。此外，本书将赵明诚的生平故事容纳其中，让读者得以全方位、深层次地了解李清照人生的真实面貌。

❷《惟有香如故——如梦令》(纪录片)：宋代，人们有熏香之俗，爱好风雅的人还会亲自参与制香。在李清照的词中，写得最多的就是梅花，从少女一直写到迟暮，都以梅花自喻。因为喜欢梅花，她在暮年着手制香，想提炼一款蕴含梅花气韵的冷香。该片以梅香喻精神，展现了李清照坚忍清冷的品质与气节。

什么是幸福？古往今来，多少伟人曾思考、描述过它——有人说，"幸福并不是依存于你是什么人或拥有什么，它只取决于你想的是什么"。"幸福就像太阳——人人都可以看见，但大多数人的眼睛却望向了别的地方，因而错过了机会。"也有人说，"爱与善就是真实与幸福，而且是世界上真实存在与唯一可能的幸福"。"太阳是幸福的，因为它光芒四照；海也是幸福的，因为它反射着太阳欢乐的光芒。"你心目中的幸福，是什么呢？

提醒幸福

毕淑敏

我们从小就习惯了在提醒中过日子。天气刚有一丝风吹草动，妈妈就说："别忘了多穿衣服。"才相识了一个朋友，爸爸就说："小心他是个骗子。"你取得了一点成功，还没容得乐出声来，所有关心你的人就一起说："别骄傲！"你沉浸在欢乐中的时候，自己不停地对自己说："千万不可太高兴，苦难也许马上就要降临……"我们已经习惯了在提醒中过日子，看得见的恐惧和看不见的恐惧始终像乌鸦盘旋在头顶。

在皓月当空的良宵，我们又会收到提醒："注意风暴。"于是我们忽略了皎洁的月光，急急忙忙做好风暴来临前的一切准备。当我们大睁着眼睛枕戈待旦之时，风暴却像迟归的羊群，不知在哪里徘徊。当我们实在忍受不了等待灾难的煎熬时，我们甚至会祈盼风暴早些到来。

风暴终于姗姗地来了。我们怅然发现，所做的准备多半是没有用的。事先能够抵御的风险毕竟有限，世上无法预计的灾难却是无限的，战胜灾难靠的更多的是临门一脚，先前的惴惴不安帮不上忙。

当风暴的尾巴终于远去，我们守住家园，气还没有喘匀，新的提醒又响起来，我们又开始对未来充满恐惧和期待。

人生总是有灾难。其实大多数人早已练就了对灾难的从容，我们只是还没有学会灾难间隙的快活。我们太注重让自己警觉苦难，我们太忽视提醒幸福。

请从此注意幸福！

幸福也需要提醒吗？

提醒注意跌倒……提醒注意路滑……提醒受骗上当……提醒荣辱不惊……先哲们提醒了我们一万零一次，却不提醒我们幸福。

也许他们认为幸福不提醒也跑不了的。也许他们以为好的东西你自会珍惜，犯不上谆谆告诫。也许他们太崇尚血与火，觉得幸福无足挂齿。他们总是站在危崖上，指点我们逃离未来的苦难。但避去苦难之后是什么？

那就是幸福啊！

享受幸福是需要学习的，当幸福即将来临的时刻需要提醒。人可以自然而然地学会感官的享乐，却无法天生掌握幸福的韵律。灵魂的快意同器官的舒适像一对孪生兄弟，时而相傍相依，时而貌合神离。

幸福是一种心灵的震颤。它像会倾听音乐的耳朵一样，需要不断地训练。

简言之，幸福就是没有痛苦的时刻。它出现的频率并不像我们想象得那样少。人们常常只是在幸福的金马车已经驶过去很远后，才捡起地上的金鬃毛说："原来我见过它。"

人们喜爱回味幸福的标本，却忽略幸福披着露水散发清香的时刻。那时候我们往往步履匆匆，瞻前顾后不知在忙着什么。

世上有预报台风的，有预报蝗虫的，有预报瘟疫的，有预报地震的，没有人预报幸福。其实幸福和世界万物一样，有它的征兆。

幸福常常是朦胧的，很有节制地向我们喷洒甘霖。你不要总希冀轰轰烈烈的幸福，它多半只是悄悄地扑面而来。你也不要企图把水龙头拧得更大，幸福会很快地流失。你须静静地以平和之心体验幸福的真谛。

幸福绝大多数是朴素的。它不会像信号弹似的在很高的天际闪烁红色的光芒，它披着本色外衣，温暖地包裹起我们。

幸福不喜欢喧嚣浮华，常常在暗淡中降临。贫困中相濡以沫的一块糕饼，患难中心心相印的一个眼神，父亲一次粗糙的抚摸，女友一张温馨的字条……这都是千金难买的幸福啊，像一粒粒缀在旧绸子上的红宝石熠熠夺目。

幸福有时会同我们开一个玩笑，乔装打扮而来。机遇、友情、成功、团圆……它们都酷似幸福，但它们并不等同于幸福。幸福会借了它们的衣裙袅袅婷婷而来，走得近了，揭去帷幔，才发觉它有钢铁般的内核。幸福有时会很短暂，不像苦难似的笼罩天空。如果把人生的苦难和幸福分置天平两端，苦难体积庞大，幸福可能只是一块小小的矿石，但指针一定要向幸福这一侧倾斜，因为它是生命的黄金。

幸福有梯形的切面，它可以扩大也可以缩小，就看你是否珍惜。

我们要提高对于幸福的敏感，当它到来的时刻，激情地享受每一分钟。据科学家研究，有意注意的结果比无意的要好得多。

当春天来临的时候，我们要对自己说："这是春天啦！"心里就会泛起茸茸的绿意。

幸福的时候，我们要对自己说："请记住这一刻！"幸福就会长久地伴随我们。

那我们岂不是拥有了更多的幸福？

所以，丰收的季节先不要去想可能的灾年，我们还有漫长的冬季来考虑这件事。我们要和朋友们跳舞唱歌，渲染喜悦。既然种子已经回报了汗水，我们就有权沉浸在幸福中。不要管以后的风霜雨雪，让我们先把麦子磨成面粉，烘一个香喷喷的面包。

所以，当我们从天涯海角相聚在一起的时候，请不要踌躇片刻后的别离。在今后漫长的岁月里，有无数孤寂的夜晚可以独自品尝愁绪。现在的每一分钟，都让它像纯净的酒精，燃烧成幸福的淡蓝色火焰，不留一丝渣滓。让我们一起举杯，说："我们幸福。"

所以，当我们守候在年迈的父母膝下时，哪怕他们鬓发苍苍，哪怕他们垂垂老矣，你都要有勇气对自己说："我很幸福。"因为天地无常，总有一天你会失去他们，会无限追悔此刻的时光。

幸福并不与财富、地位、声望、婚姻同步，这只是你心灵的感觉。

所以，当我们一无所有的时候，我们也能够说："我很幸福。"因为我们还有健康的身体。当我们不再享有健康的时候，那些最勇敢的人可以依然微笑着说："我很幸福。因为我还有一颗健康的心。"甚至当我们连心也不再存在的时候，那些人类最优秀的分子仍旧可以对宇宙大声说："我很幸福。因为我曾经生活过。"

常常提醒自己注意幸福，就像在寒冷的日子里经常看看太阳，心就不知不觉暖洋洋、亮光光。

（选自《恰到好处的幸福》，湖南文艺出版社2014年版）

作品导读

毕淑敏，1952年10月出生于新疆，我国当代著名作家，也是一名内科医生与心理咨询师。由于职业的特殊性，她的作品始终关注生命与死亡，用清新的文笔、温暖的哲思来书写幸福与冷暖，闪烁着真诚与睿智的思想光芒。作品曾获"庄重文文学奖""中国人民解放军文艺奖"《小说月报》"百花奖"等荣誉。

《提醒幸福》是毕淑敏的一篇哲思散文，文笔细腻而温婉，充满生命气息和思辨意味。文章先从日常生活中司空见惯的现象入手，指出大多数人从小常被提醒危险，所以总是关注苦难与恐惧，而对幸福的提醒却总是缺席，从而辜负了良辰美景，缺乏感受幸福的能力。但是，作者认为人生是有不确定性的，不能让自己一直生活在恐惧中，否则周而复始，生命何其沉重！在层层蓄势后，作者提出了核心观点——提醒幸福。

作者认为，虽然中国人素有"先天下之忧而忧"的忧患意识，但也需要超越传统的思考，因为享受幸福是一种能力，是需要学习的。在日常生活中，幸福往往是无常的、朦胧的、朴素的，所以更容易为人们所忽略，因而更需要活在当下，去感受、珍惜幸福。更进一步，作者提出，真正的幸福并不与外在的种种如财富、地位、婚姻同步，它其实只是一种心灵的感觉。当我们学会提醒幸福、拥有感受幸福的能力时，无论环境如何变化，我们都能拥有幸福。

最后，作者以抒情而形象的语言表达：不念过往，不惧将来，用心感受当下的幸福，生命才活得舒展且轻盈。对于生活在忙碌、紧张、焦虑中的现代人而言，如果能够"常常提醒自己注意幸福"，无疑会给我们的心灵带来一丝清凉、一点轻盈、一抹舒展，正如作者所说，"像在寒冷的日子里经常看看太阳，心就不知不觉暖洋洋、亮光光"。

知识链接

幸福催化剂

一次幸福的经历，可以感染到我们生活中的许多方面，让我们发生极大的变化。比如，在日常的生活中，增添一点自己喜欢的事——运动、读书、旅游……在不喜欢中穿插喜欢，在静中穿插动，在忙碌中穿插悠闲，平衡生活，调节情绪。

有研究者把这些虽小但有连锁效应的事情叫作"幸福催化剂"——一些几个小时甚至只有几分钟的事，可以为我们带来生活的愉悦感与生命的意义感，而且不但当下感到快乐，未来也能因此受益。

你的"幸福催化剂"是什么？什么样的活动可以让你感觉焕然一新，并且带给你意义与快乐？

请尝试列一张"幸福催化剂"的清单，然后按上面的计划去落实。可以包括一些日常的安排，如朋友相聚或阅读等，以及一些能带来新鲜感、可能会改变生活的活动，如旅游或到养老院当义工等，然后看看这些事情能否成为你改变生活的动力。

思考探究

❶ 作者认为，要学会感受幸福、提醒幸福。请谈谈你对这种观点的想法。

❷ 谈谈生活中什么样的事会让你感觉到幸福。

❸ 请你尝试做一件真诚帮助他人的事,以及一件你觉得会让自己感觉愉悦的事,分别记录下你在做这两件事的当下及之后的心理感受。

移动阅读

❶《幸福的方法》(泰勒·本·沙哈尔):作者将人生分为四种模型:牺牲眼前快乐、只着眼于未来目标的忙碌奔波型;放纵自己、及时行乐的享乐主义型;对一切都失望、无所作为的虚无主义型;能够享受当下,也能不断成长拥有美好未来的感悟幸福型。作者认为幸福是可以通过学习和练习获得的,因此在书中向读者介绍了若干种变幸福的方法。通过本书,读者将深刻理解到幸福的终极目标不是名利财富,而是尊重生命的核心价值,只有找到自己的真正使命并努力发掘出自己的潜力,全然地投入生活中去,才能最终实现第四种状态:感悟幸福型。

❷ 哈佛"积极心理学"公开课:该课程是由泰勒·本·沙哈尔(Talben Shahar)在哈佛大学讲授的一门课程,也被称为《幸福课》。积极心理学是一门研究人类幸福和心理健康的学科,它关注人类的积极情绪和正面心理特质,如快乐、满足、自豪、自信等。该课程通过讲解积极心理学的理论和研究,帮助人们更好地理解自己的心理和情绪,培养积极的思维和行为习惯,通过自我探索和自我管理来提高自己的幸福感和生活质量。

实践活动

爱是人类极为珍贵的情感之一,它代表着彼此的关爱、信任与依赖。

请以"爱是自私的还是无私的"为辩题,组织一场辩论赛。

❶ 确定主持人、正反双方辩手。

❷ 主持人理清流程、组织辩论;双方团队分析论题、确定具体辩手位置。

❸ 正式辩论开始,包括开场、抽签、陈述、辩论、反方轮流发言、护辩、问答、总结陈词、宣布结果等。

通过参加辩论赛,我们可以更加全面深刻地分析爱情的本质,学习如何更好地爱己爱人。

四

家国情怀

・单元导读・

　　家国情怀，与其说是心灵感触，毋宁说是生命自觉和家教传承。无论是杜甫诗中仁民爱物、与邻为善的博大胸怀，抑或是艾青笔下中国人民不屈不挠、抵御外辱的爱国精神，不管是我国台湾诗人对中华民族永远向前意志的热情歌唱，还是香港武侠中以天下苍生为己任的精神弘扬，家国情怀从来都不只是摄人心魄的文学书写，更近乎你我内心之中的精神归属。家国相依，命运与共，那种与国家民族休戚与共的壮怀，那种以百姓之心为心、以天下为己任的使命感，究其根源，便来自我们人生开始的地方——"家"。

　　几千年来，家国情怀作为支撑中华民族生生不息、薪火相传的重要精神力量，扎根于每个中国人的内心。它既是赤子之心的精神归属，也是砥砺拼搏的使命所在。家国情怀是一股永不衰竭的精神涌流，有了它的丰润，方能描绘大写的人生、成就不凡的价值。

中华优秀传统文化中，天、地、人是一个生命共同体，有"天地与我并生，而万物与我为一""民吾同胞，物吾与也"等理念。在此基础上，并生出"一体之仁"的思维方式，强调小到人与人之间，大到国与国、人与自然之间，都是和谐一体的关系，皆应遵循"亲亲而仁民，仁民而爱物"的交往准则。这种天人合一的天下观，孕育出亲仁善邻、与邻为善、守望相助的交往之道。

又呈吴郎

[唐] 杜甫

堂前扑枣任西邻①，无食无儿一妇人。
不为②困穷宁有此？只缘恐惧转须亲③。
即防远客虽多事④，使插疏篱却甚真⑤。
已诉征求贫到骨⑥，正思戎马泪盈巾⑦。

（选自《读杜心解》，中华书局1961年版）

作品导读

唐代宗大历二年（767年），即杜甫漂泊到四川夔州的第二年。当时，他住在瀼西的一所草堂里。草堂前有几棵枣树，西邻的一个寡妇常来打枣，杜甫从不干涉。后来，杜甫把草堂让给新任夔州司法参军的亲戚吴郎居住，他自己搬到离草堂十几里路远的东屯。不料吴郎一来就在草堂插上篱笆以防外人进入打枣。杜甫得知此事后，便写下此诗以劝告吴郎。由于杜甫此前曾写过一首《简吴郎司法》，所以此诗题作《又呈吴郎》。

这是一首以诗代谏之作。杜甫此诗，意在开导吴郎，所以必须言辞委婉，此诗之妙亦即在委婉：首先是因心地善良、富同情心，既体察了扑枣妇人的苦衷，又照顾到了吴郎的

---

① 扑枣：扑：打。击落枣子。任：放任，不拘束。西邻：就是下句说的"妇人"。
② 不为：不是因为。
③ 只缘：只因为。恐惧：指妇人心里害怕。转须亲：反而更应该表示亲切。
④ 即：就。防：提防，心存戒备。防远客：指妇人对新来的主人存有戒心。多事：多余的顾虑。
⑤ 插疏篱：指吴郎修了一些稀疏的篱笆。却甚真：却真像你是防范她呢。
⑥ 征求：指政府征收的苛捐杂税。贫到骨：贫穷到骨，即一贫如洗。
⑦ 戎马：指当时唐朝正与吐蕃作战，各处兵荒马乱。

面子。其次是诗的构思委婉,不能不说扑枣事,又不能黏滞于扑枣事;不能不说自己原情,又不能卖瓜自夸;不能不说吴郎插篱事,又不能说得太直白有损吴郎颜面。这些关系处理得十分得体。最后是造句遣词委婉,诗中用了一系列关联性词语(如不为、只缘),用了一系列可以触动人怜悯之心的词语(如无食无儿、困穷、恐惧、多事、甚真、贫到骨、泪盈巾),锤铸了含义深婉的多层次诗句,真正做到了以委婉之言达委婉之情,使委婉的意象、委婉的氛围笼罩全篇。

诗作的最后两句"已诉征求贫到骨,正思戎马泪盈巾",杜甫在上半句揭示了当时广大人民困穷的社会根源,就在于官吏们的剥削,也就是诗中所谓"征求",使她穷到了极点。这也就为寡妇扑枣行为做了进一步的解说。下半句说得更远、更大、更深刻,指出了使人民陷于水深火热之中的又一社会根源,即"安史之乱"以来持续了十多年的战乱,即所谓"戎马"。本诗因小见大,由生活中老妇人打枣这件小事,联想到民不聊生乃至国家民族的命运,体现了诗人仁民爱物、心忧天下的博大胸怀。

知识链接

《简吴郎司法》

有客乘舸自忠州,遣骑安置瀼西头。
古堂本买藉疏豁,借汝迁居停宴游。
云石荧荧高叶曙,风江飒飒乱帆秋。
却为姻娅过逢地,许坐曾轩数散愁。

思考探究

❶ 杜甫曾给吴郎写过两首诗,其中所用的动词并不相同,请谈谈当中的原因。
❷ 请举例说说杜甫的其他体现"仁民爱物"思想的作品。

移动阅读

❶《杜甫传》(冯至)：该书以杜诗为根据，讲述了诗人坎坷的一生和他的创作情况。冯至是当代著名诗人，对诗意的兴会和体悟，非一般人所能及，这本传记就是以其才情传译杜诗心灵的佳作。

❷《中国》第二季——《惊变》(纪录片)："诗意折射人心，人心映射时代"，该片将李白、杜甫等诗人置身于宏大的历史叙述中，展现了他们的性格特征、人生际遇与思想情感，突出他们的诗歌风格与时代背景的深刻关系。

> 1938年2月,抗日战争进入战略相持阶段,战火迅速逼近黄河。艾青因朋友端木蕻良的一句感慨"北方是悲哀的"有感而发,在古老的潼关写下了这首《北方》,同年四月发表在《七月》杂志的卷首。

北方

艾青

一天
那个科尔沁草原上的诗人①
对我说:
"北方是悲哀的。"
不错
北方是悲哀的。
从塞外吹来的
沙漠风,
已卷去北方的生命的绿色
与时日的光辉
——一片暗淡的灰黄

蒙上一层揭不开的沙雾;
那天边疾奔而至的呼啸
带来了恐怖
疯狂地
扫荡过大地;
荒漠的原野
冻结在十二月的寒风里,
村庄呀,山坡呀,河岸呀,
颓垣与荒冢呀
都披上了土色的忧郁……
孤单的行人,

---

① "科尔沁草原上的诗人"指端木蕻良,现代作家。发表过长篇小说《科尔沁旗草原》。

上身俯前
用手遮住了脸颊,
在风沙里
困苦地呼吸
一步一步地
挣扎着前进……
几只驴子
——那有悲哀的眼
和疲乏的耳朵的畜生,
载负了土地的
痛苦的重压,
它们厌倦的脚步
徐缓地踏过
北国的
修长而又寂寞的道路……

那些小河早已枯干了
河底也已画满了车辙,
北方的土地和人民
在渴求着
那滋润生命的流泉啊!
枯死的林木
与低矮的住房
稀疏地,阴郁地
散布在灰暗的天幕下;
天上,
看不见太阳,
只有那结成大队的雁群
惶乱的雁群
击着黑色的翅膀
叫出它们的不安与悲苦,
从这荒凉的地域逃亡
逃亡到
绿荫蔽天的南方去了……

北方是悲哀的
而万里的黄河
汹涌着浑浊的波涛
给广大的北方
倾泻着灾难与不幸；
而年代的风霜
刻画着
广大的北方的
贫穷与饥饿啊。

而我
——这来自南方的旅客，
却爱这悲哀的北国啊。
扑面的风沙
与入骨的冷气
决不曾使我咒诅；
我爱这悲哀的国土，
一片无垠的荒漠
也引起了我的崇敬
——我看见
我们的祖先
带领了羊群
吹着笳笛
沉浸在这大漠的黄昏里；
我们踏着的
古老的松软的黄土层里
埋有我们祖先的骸骨啊，
——这土地是他们所开垦
几千年了
他们曾在这里
和带给他们以打击的自然相搏斗，他们为保卫土地
从不曾屈辱过一次，
他们死了
把土地遗留给我们——
我爱这悲哀的国土，

它的广大而瘦瘠的土地
带给我们以淳朴的言语
与宽阔的姿态,
我相信这言语与姿态
坚强地生活在土地上
永远不会灭亡;
我爱这悲哀的国土,
古老的国土
——这国土
养育了为我所爱的
世界上最艰苦
与最古老的种族。

1938年2月4日　潼关
（选自《艾青诗选》，人民文学出版社1997年版）

作品导读

艾青从小寄养在农妇大堰河家，曾在狱中写下成名作《大堰河——我的保姆》。生活的艰辛磨砺了艾青的意志，他的诗充满了对祖国、人民深深的眷恋之情。"土地"是他诗歌中最主要的意象，他常以北方的风土人情为主题，既用真挚的笔触描绘了古老民族的沉重灾难，又强烈讴歌了战火下北方受难民众不屈不挠、抵御外辱的爱国主义精神。

全诗分为两部分。上半部分在开头诗人就阐明了写诗的缘由。第二至四节用大量的笔墨渲染了萧条、悲哀的北国风光。大地昔日的绿色与光辉在战争阴云的笼罩下变为灰黄与土色。枯干的小河、枯死的林木、低矮的住房、惶乱的雁群、混沌的黄河无不诉说着国土沦陷给人民带来的令灵魂惊醒的沉重感。下半部分诗人笔锋一转，不再沉湎于对现实的悲叹，而是一次次抒发着对这悲哀国土的热爱。诗人回顾着千百年来人们在这片土地上的抗争，不由得赞叹土地的力量，歌颂那些想要摆脱被奴役命运、坚韧不拔的灵魂。

本诗是自由体诗的佳作。全诗语言朴素，遵循情感的自然节奏，不受格律的限制，散

艾 青
（1910—1996）

艾青原名蒋正涵，浙江金华人，现代文学家、诗人、画家，在新诗的发展中具有不可替代的历史地位。

文气息浓厚。艾青把作为画家捕捉色彩和意象的能力运用到诗歌创作中,勾勒出了一幅苍凉又充满希望的北国画卷,强烈的信念感直击人们心灵,这也是他被称为"人民的诗人"的重要原因。

知识链接

不同诗人笔下的"土地"意象

"土地"是中国现代诗歌中一个重要的写作意象,以艾青、海子、多多等为代表的诗人多次在诗歌创作中运用了这一意象,但其蕴含的深意又各有不同。

> 雪落在中国的土地上,
> 寒冷在封锁着中国呀……
> 风,
> 像一个太悲哀的老妇
> 紧紧地跟随着
> 伸出寒冷的指爪
> 拉扯着行人的衣襟,用着像土地一样古老的
> 一刻也不停地絮聒着……
> 　　　　　(节选自艾青的《雪落在中国的土地上》)

艾青笔下的土地与民族命运紧密相连,土地代表着苦难与沉重,土地上的人也是卑微的。诗人对土地的哀叹表达了对国家、民族命运的忧思以及对人民反抗强权的歌颂。

> 我们是麦地的心上人
> 收麦这天我和仇人
> 握手言和
> 我们一起干完活
> 合上眼睛,命中注定的一切
> 此刻我们心满意足地接受
> 　　　　　(节选自海子的《麦地》)

海子笔下的土地大多以"麦地"的形象出现,这并不是源于过往真实的土地经验,而是包含了他对古老农耕文明的想象。也正因为是想象,海子在诗歌中的情绪总是呈现忽高忽低的矛盾性。

思考探究

❶ 为什么诗人眼中的北方是悲哀的?
❷ 既然北方是悲哀的,为什么诗人还反复诉说对北方的热爱之情?
❸ 试分析诗中意象的运用特点。

移动阅读

❶《**我爱这土地**》(艾青):诗人以一只饱受磨难的鸟儿自比,以鸟对土地歌唱的形式,表达了自己对苦难中的祖国刻骨铭心、至死不渝的深情。

❷《**浪漫平易的艾青**》(周永战):本篇为《火种:徐光耀在华北联大》中的一章,讲述了作家徐光耀在华北联合大学(现中国人民大学)求学期间与诗人艾青接触的种种事迹,展现了艾青的博学、谦逊、热情与细致等品质,也体现了艾青对青年学生的爱护与培养。

夜空中的星斗，向来是诗人们关注与吟咏的对象。在中国新诗史上，也有许多歌咏星空的诗篇，而余光中的《欢呼哈雷》，便是其中脍炙人口的一首。1986年，哈雷彗星回归地球，这颗70多年才回归地球一次的神秘天体激发了余光中的灵感，他写下了这首想象超群、气象阔大的《欢呼哈雷》，发出了由宇宙到生命的深沉慨叹，寄寓了对祖国的祝福，歌颂了中华民族永远向前的意志！

欢呼哈雷①

Hail Halley，
Hallelujah Halley

星际的远客，太空的浪子
一回头人间已是七十六年后
半壁青穹是怎样的风景？
光年是长亭或是短亭？
银发飞扬，白氅飘飘
曳着独行侠终古的寂寞
犯次妃，冲紫微，横渡澹澹的天河
古册里出没无常的行踪
乱了星宿井然的秩序
惊动帝王与孩童，带来噩梦
战争，革命，瘟疫，与横死
钦天监不知该怎么解释
市井的童谣，江湖的俚调也不能

---

① 选入本书时有删节。

要等哈雷，你忘年的知己
用一条抛物线的细细
向洪荒深处的星族光谱
去追踪你飘泊的身世如谜
从此你有了一个俗名
再回头来寻你人世的知音
挥舞那样显赫的信号
来为他作证，却晚了七十六年
先知，哎，总是踽踽的早客
等不及迎接自己的预言
……
你总是突围而出，来投奔太阳
灿烂的巡礼，来膜拜火光
你永远奔驰在轮回的悲剧
一路扬着朝圣的长旗
——让我，也举镜向你致敬吧
亿万的镜头，今夜，都向你举起
六寸的短镜筒，一头，
是悠悠无极的天象，一头，
是匆匆有情的人间，究竟
这一头有几个人能够等你
下一个轮回翩然来归？
至少我已经不能够，我的白发
纵有叁千丈怎跟你比长？
下次你路过，人间已无我
但我的国家，依然是五岳向上
一切江河依然是滚滚向东
民族的意志永远向前
向着热腾腾的太阳，跟你一样

一九八六年耶诞于西子湾

（选自《诗歌精读·余光中》，浙江人民出版社2018年版）

📖 作品导读

这首现代抒情长诗创作于1986年，全诗以星际的远客、太空的浪子——哈雷彗星为主题，表达了人类对这一天文现象的惊奇与感慨。诗中通过丰富的想象和细腻的描绘，展现了哈雷彗星独特的魅力和深远的历史意义，同时也反映了人类对宇宙的探索和思考。

全诗一气而下、句式参差，多采用西方诗歌的奔行句法，但却拥有独具匠心的内在结构，章法分明。

诗一开始，诗人便抒写哈雷彗星的形象和有关的传闻。因为在古代社会，人们把彗星的出现视为凶兆，认为它出没无常的行踪，扰乱了星宿井然的秩序，带来噩梦、战争、革命、瘟疫与横死。这一部分，渗透了诗人深沉的历史感和浩远的宇宙意识。

继而又写哈雷彗星得名的由来：1682年，英国天文学家、格林威治天文台台长哈雷预言哈雷彗星将在76年后回归，而后，当它于1759年按哈雷预测的轨道出现时，哈雷本人却已离世，所以诗人称哈雷为"忘年的知己""人世的知音"。

接着，诗人一反视哈雷彗星为带来灾难的扫帚星这一传统观点，认为它是扫去凶兆、追逐光明的英雄："你总是突围而出，来投奔太阳/灿烂的巡礼，来膜拜火光。"

面对宇宙星空的永恒，诗人巧妙地化用李白的"白发三千丈"的名句："我的白发/纵有叁千丈怎跟你比长？下次你路过，人间已无我"，撼人心魂地表现了天象之永恒和人生之短促，但面对这种强烈的反差，余光中却没有堕入悲观的深渊，而是以一种超越的哲学思维与阔大的民族胸怀，将全诗的意境提升到一个崭新而高远的层次：

> 下次你路过，人间已无我
> 但我的国家，依然是五岳向上
> 一切江河依然是滚滚向东
> 民族的意志永远向前
> 向着热腾腾的太阳，跟你一样

作者并没有停留在由宇宙到人生的慨叹中，转而以全诗的最高音歌颂了中华民族永远向前的意志！在个人生命意识与民族意识、宇宙意识融为一体时，全诗戛然而止，使读者获得了强烈的情感震撼和高层次的心智喜悦。

🔗 知识链接

哈雷彗星

哈雷彗星是唯一能用裸眼直接从地球看见的短周期彗星，它的轨道周期一般为76年，即每隔76年才能在地球上见到它一面。它头部尖，尾部散开，有时在天空可形成长达两亿公里的明亮彗尾。

哈雷彗星也是人类首颗有记录的周期彗星，我国《春秋》中就已有关于它的记载，长沙马王堆三号汉墓出土的帛书中，就有二十九幅彗星图，而欧洲有关于它最早的记载是公元前11年，比我国晚了600多年。彗星形似扫帚，因此在古代包括中国在内的许多国家，视其出现为凶兆，认为见则有战祸，或天灾。

哈雷彗星的命名，缘于它于1682年出现时，英国天文学家、格林威治天文台台长哈雷，注意到它的运行轨迹和1531年与1607年所观察到的彗星运行轨迹极为相似，他经过研究，预言这颗彗星将在76年后回归。而当它在1759年按哈雷预测的轨道出现时，它的"忘年的知己"——哈雷本人却已于1742年去世，后来人们便以哈雷的名字为这颗彗星命名。

思考探究

① 请以诗意的变化与递进，为这首诗划分层次结构。

② 请谈谈在"这一头有几个人能够等你"到全诗结束这一段中，诗人在情感思想上的变化及其原因。

移动阅读

① **《诗歌精读·余光中》**（余光中）：本书是作者生前最后授权、亲自审定目录的诗歌精选集。诗集分为乡情、亲情、自述、人物、咏物、即事、即景7辑，收录的100多首诗歌是进入余光中诗歌世界必读的精品。

② **《余光中散文》**（余光中）：余光中除了广为人知的"乡愁诗人"的身份，也是当代中国优秀的散文家之一，他称自己的散文为"左手的缪斯"，其作品"气势宏大，语言犹如阅兵方阵，排山倒海，万马奔腾，并具有深刻的幽默感"，同时浸淫着一种诗意和古典神韵，将中国的文化底蕴与现代意识有机地融为一体。书中既能看出其人生轨迹及其对生命、对世界的认识，也能看到其生活的情致，对亲人、友人的大爱，对世界万物的包容，更能看出余光中幽默风趣的一面。

> 有人评价《天龙八部》说:"这不是一部普通的武侠小说,而是一部中国的《战争与和平》,也是一部中国的《罪与罚》。"也有人说,这部书中"所展现的国际主义和和平主义这样一个精神境界,它是一个伟大的、开阔的人道主义"。让我们走进这部小说的世界,去感受其人物性格的魅力、艺术手法的高超与思想境界的崇高。

勇擒辽帝,智退辽军[①]

金庸

这一晚各人不再歇宿,见离雁门关渐近。群豪催骑疾行,知道只要一进关门,扼险而守,敌军虽众,破关却不容易。一路上马匹纷纷倒毙,有的展开轻功步行,有的便两人一骑。行到天明,离雁门关已不过十余里地,众人都放下了心,下马牵缰,缓缓而行,好让牲口回力。但身后轰隆隆、轰隆隆的万马奔腾之声,却也更加响了。

萧峰下岭到山侧,猛然间看到一块大岩,心中一凛:"当年玄慈方丈、汪帮主等率领中原豪杰,伏击我爹爹,杀死了我母亲和不少契丹武士,便是在此。"一侧头,只见一片山壁上斧凿的印痕宛然可见,正是玄慈将萧远山所留字迹削去之处。

萧峰缓缓回头,见到石壁旁一株花树,耳中似乎听到了阿朱当年躲在树后的声音:"乔大爷,你再打下去,这座山峰也要给你击倒了。"他一呆,阿朱情致殷殷的几句话,清清楚楚地在他脑海中响起:"我在这里已等了你五日五夜,我只怕你不能来。你……你果然来了,谢谢老天爷保佑,你终于安然无恙。"

萧峰热泪盈眶,走到树旁,伸手摩挲树干,见那树比之当日与阿朱相会时已高了不少。一时间伤心欲绝,浑忘了身外之事。

忽听得一个尖锐的声音叫道:"姊夫,快退!快退!"阿紫奔近身来,拉住萧峰衣袖。

萧峰一抬头,远远望出去,只见东面、北面、南面三方,辽军长矛的矛头犹如树林般刺向天空,竟然已经合围。萧峰点了点头,道:"好,咱们退入雁门关再说。"

[①] 节选自《天龙八部》,标题为编者所加,选入本书时文字略有改动。

这时群豪都已聚在雁门关前。萧峰和阿紫并骑来到关口，关门却兀自紧闭。一名宋军军官站在关门城头，朗声说道："奉镇守雁门关指挥使张将军将令：尔等既是中原百姓，原可入关，但不知是否勾结辽军的奸细，因此各人抛下军器，待我军一一搜检。身上如不藏军器者，张将军开恩，放尔等入关。"

此言一出，群豪登时大哗。有的说："我等千里奔驰，奋力抵抗辽兵，怎可怀疑我等是奸细？"有的道："我们携带军器，是为了相助将军抗辽。倘若失去了趁手兵器，如何和辽军打仗？"更有性子粗暴之人开始叫骂起来。

玄渡急忙制止，向那军官道："相烦禀报张将军知道：我们都是忠义为国的大宋百姓，先前便是我们派人前来禀报辽军来攻的。敌军转眼即至，再要搜检什么的，耽误了时刻，那时再开关，便危险了。"

那军官已听了人丛中的叫骂之声，又见许多人穿着奇形怪状的衣饰，不类中土人士，说道："老和尚，你说你们都是中土良民，我瞧有许多不是中国人吧？好！我就网开一面，大宋良民可以进关，不是大宋子民，可不得进关。"

群豪面面相觑，无不愤怒。段誉的部属是大理国臣民，虚竹的部属更是各族人氏都有，或西域、或西夏、或吐蕃、或高丽，倘若只有大宋臣民方得进关，那么大理国、灵鹫宫两路人马，大部分不能进去了。

玄渡说道："将军明鉴，我们这里有许多同伴，有的是大理人，有的是西夏人，都跟我们联手抗击辽兵，都是朋友，何分是宋人不宋人？"这次段誉率部北上，严守秘密，决不泄露是一国之主的身份，以防宋朝大臣起心加害，或掳之作为人质，兼之大理与辽国相隔虽远，却也不愿公然与之为敌，是以玄渡并不提及关下有大理国极重要人物。

那军官怫然道："雁门关乃大宋北门锁钥，是何等要紧所在？辽兵大队人马转眼即到，我若随便开关，给辽兵冲了进来，这天大祸事谁能担当？"

吴长风再也忍耐不住，大声喝道："你少啰唆几句，早些开了关，岂不是什么事也没有了？"那军官怒道："你这老叫花，本官面前哪有你说话的余地？"他右手一场，城垛上登时出现了千余名弓箭手，弯弓搭箭，对准城下。那军官喝道："快快退开，若再在这里扰乱军心，可要放箭了。"玄渡长叹一声，不知如何是好。

雁门关两侧双峰夹峙，高耸入云，这关所以名为"雁门"，意思说鸿雁南飞之时，也须从双峰之间通过，以喻地势之险。群豪中虽不乏轻功高强之士，尽可翻山越岭而走，但其余人众难逾天险，不免要为辽军聚歼于关下了。

只见辽军限于山势，东西两路渐渐收缩，都从正面压境而来。但除了马蹄声、铁甲声、大风吹旗声外，却无半点人声喧哗，的确是军纪严整的精锐之师。一队队辽军逼关为阵，驰到弩箭将及之处，便即退住。一眼望去，东西北三方旌旗招展，实不知有多少人马。

萧峰朗声道："众位请各在原地稍候，不可移动，待在下与辽帝分说。"不等段誉、阿紫等劝止，已单骑纵马而出。他双手高举过顶，示意手中并无兵刃弓箭，大声叫道："大辽国皇帝陛下，萧峰有几句话跟你说，请你出来。"他这几句话鼓足内力，声音远远传了出去。辽军十余万将士没一个不听得清清楚楚，不由得人人变色。

过得半晌，猛听得辽军阵中鼓角声大作，千军万马如波浪般向两侧分开，八名骑士执着迎风招展的八面金黄色大旗，驰出阵来。其后一队队长矛手、刀斧手、弓箭手、盾牌手疾奔而前，分列两旁，接着是十名锦袍铁甲的大将簇拥着耶律洪基出阵。

辽军大呼："万岁，万岁，万万岁！"声震四野，山谷鸣响。

关上宋军见到敌人如此军威，无不凛然。

耶律洪基右手宝刀高高举起，辽军立时肃静，除了偶有战马嘶鸣，更无半点声息。耶律洪基放下宝刀，大声笑道："萧大王，你说要引辽军入关，怎么关门还不大开？"

此言一出，关上通译便传给镇守雁门关指挥使张将军听了。关上宋军立时大噪，指着萧峰指手画脚地大骂。

萧峰知耶律洪基这话是行使反间计，要使宋兵不敢开关放自己入内，心中微微一酸，当即跳下马来，走上几步，说道："陛下，臣萧峰有负厚恩，重劳御驾亲临，死罪，死罪。"说着便跪倒在地。

突然两个人影从旁掠过，当真如闪电一般，猛向耶律洪基欺了过去，正是虚竹和段誉。他二人见情势不对，情知今日之事，唯有擒住辽帝作为要挟，才能保证大伙周全，一打手势，便分从左右抢去。

耶律洪基出阵之时，原已防到萧峰重施当年在阵上擒杀楚王父子的故伎，早有戒备。亲军指挥使一声吆喝，三百名盾牌手立时聚拢，三百面盾牌犹如一堵城墙，挡在辽帝面前。长矛手、刀斧手又密密层层地排在盾牌之前。

这时虚竹既得天山童姥的真传，又练了灵鹫宫石壁上武学的奥秘，武功之高，实已到了随心所欲、无往而不利的地步，而段誉在得到鸠摩智的毕生修为后，内力之强，亦是震古烁今，他那"凌波微步"施展开来，辽军将士如何阻拦得住？

段誉东一晃、西一斜，便如游鱼一般，从长矛手、刀斧手间相距不逾一尺的缝隙之中硬生生地挤将过去。众辽兵挺长矛攒刺，非但伤不到段誉，反因相互挤得太近，兵刃多半招呼在自己人身上。

虚竹双手连伸，抓住辽兵的胸口背心，不住掷出阵来，一面向耶律洪基靠近。两员大将纵马冲上，双枪齐至，向虚竹胸腹刺来。虚竹忽然跃起，双足分落二将枪头。两员辽将齐声大喝，抖动枪杆，要将虚竹身子震落。虚竹乘着双枪抖动之势，飞身跃起，半空中便向耶律洪基头顶扑落。

一如游鱼之滑，一如飞鸟之捷，两人双双攻到。耶律洪基大惊，提起宝刀，疾向身在半空的虚竹砍去。

虚竹左手手掌一探，已搭住耶律洪基宝刀刀背，乘势滑落，手掌翻出，抓住了他右腕。便在此时，段誉也从人丛中钻将出来，抓住了耶律洪基左肩。两人齐声喝道："走罢！"将耶律洪基魁伟的身子从马背上提落，转身急奔。

四下里辽将辽兵见皇帝落入敌手，大惊狂呼，一时都没了主意。几十名亲兵奋不顾身地扑上来想救皇帝，都被虚竹、段誉飞足踢开。

二人擒住辽帝，心中大喜，突见萧峰飞身赶来，齐声叫道："大哥！"哪知萧峰双掌骤发，呼呼两声，分袭二人。二人都大吃一惊，眼见掌力袭来，犹如排山倒海般，只得举掌挡架，砰砰两声，四掌相撞，掌风激荡，萧峰向前一冲，已乘势将耶律洪基拉了过去。

这时辽军和中原群豪分从南北涌上，一边想抢回皇帝，一边要做萧峰、段誉、虚竹三人的接应。

萧峰大声叫道："谁都别动，我自有话对大辽皇帝说。"辽军和群豪登时停了脚步，双方只远远呐喊，不敢冲杀上来，更不敢放箭。

虚竹和段誉也退开三步，分站耶律洪基身后，防他逃回阵中，并阻契丹高手前来相救。梅兰竹菊四姝站在段誉身后，各挺长剑，以挡敌人射来的冷箭。

这时耶律洪基脸上已没半点血色，心想："这萧峰的性子甚是刚烈，我将他囚于狮笼之中，折辱得他好生厉害。此刻既落在他手中，他定要尽情报复，再也不肯饶我性命了。"却听萧峰道："陛下，这两位是我的结义兄弟，不会伤害于你，你可放心。"耶律洪基哼了一声，回头向虚竹看了一眼，又向段誉看了一眼。

萧峰道："我这个二弟虚竹，乃灵鹫宫主人，三弟是大理国段王子。臣也曾向陛下说起过。"耶律洪基点了点头，说道："果然了得！"

萧峰道："我们立时便请陛下回阵，只是想求陛下赏赐。"

耶律洪基几乎不相信自己的耳朵，心想："天下哪有这样的便宜事？啊，是了，萧峰已回心转意，求我封他三人为官。"登时满面笑容，说道："你们有何恳求，我自是无有不允。"他本来语音发颤，这两句话中却又有了皇帝的尊严。

萧峰道："陛下已是我两个兄弟的俘虏，照咱们契丹人的规矩，陛下须得以财物自赎才是。"耶律洪基眉头微皱，问道："要什么？"萧峰道："微臣斗胆代两个兄弟开口，要陛下金口一诺。"耶律洪基哈哈一笑，说道："普天之下，我当真拿不出的物事却也不多，你尽管狮子大开口便了。"

萧峰朗声道："是要陛下答允立即退兵，终陛下一生，不许辽军一兵一卒越宋辽疆界。"

段誉一听，登时大喜，心想："辽军不逾宋辽边界，便不能插翅来犯我大理了。"忙道："正是，你答允了这句话，我们立即放你回去。"转念一想："擒到辽帝，二哥出力比我更多，却不知他有何求？"向虚竹道："二哥，你要契丹皇帝什么东西赎身？"虚竹摇头道："我也只要这一句话。"

耶律洪基脸色甚是阴森，沉声道："你们胆敢胁迫于我？我若不允呢？"

萧峰朗声道："那么臣便和陛下同归于尽，玉石俱焚。咱二人当年结义，也曾有过但愿同年同月同日死的誓言。"

耶律洪基一凛，寻思："这萧峰是个天不怕、地不怕的亡命之徒，向来说话一是一，二是二，我若不答允，只怕要真的向我出手冒犯。死于这莽夫之手，可大大的不值得。"当下哈哈一笑，朗声道："以我耶律洪基一命，换得宋辽两国数十年平安。好兄弟，你可把我的性命瞧得挺重哪！"

萧峰道："陛下乃大辽之主。普天之下，岂有比陛下更贵重的？"

耶律洪基又是一笑，道："如此说来，当年女真人向我要黄金三十车，白银三百车，骏马三千匹，眼界也忒浅了？"萧峰略一躬身，不再答话。

耶律洪基回过头来，见手下将士最近的也在百步之外，无论如何不能救自己脱险，权衡轻重，世上更无比性命更贵重的事物，当即从箭壶中抽出一支雕翎狼牙箭，双手一弯，啪的一声，折为两段，投在地下，说道："答允你了。"

萧峰躬身道："多谢陛下。"

耶律洪基转过身来，举步欲行，却见虚竹和段誉四目炯炯地望着自己，并无让路之意，回头再向萧峰瞧去，见他也默不作声，登时会意，知他三人是怕自己食言，当即拔出宝刀，高举过顶，大声说道："大辽三军听令。"

辽军中鼓声擂起，一通鼓罢，立时止歇。

耶律洪基说道："大军北归，南征之举作罢。"他顿了一顿，又道："于我一生之中，不许我大辽国一兵一卒，侵犯大宋边界。"说罢，宝刀一落，辽军中又擂起鼓来。

萧峰右手拾起地下断箭，高高举起，运足内力，大声说道："我是辽国南院大王萧峰，奉陛下圣旨宣示：陛下恩德天高地厚，折箭为誓，下旨终生不准大辽国一兵一卒侵犯大宋边界。"他内力充沛，这一下提声宣示，关上关下十余万兵将尽皆听闻。他见耶律洪基并无不同言语，便躬身道："恭送陛下回阵。"

虚竹和段誉往两旁一让，绕到萧峰身后。

耶律洪基又惊又喜，又是惭愧，虽急欲身离险境，却不愿在萧峰和辽军之前示弱，当下强自镇静，缓步走回本阵。

辽军中数十名亲兵飞骑驰出，抢来迎接。耶律洪基初时脚步尚缓，但禁不住越走越快，只觉双腿无力，几欲跌倒，双手发颤，额头汗水更涔涔而下。待得侍卫驰到身前，滚鞍下马而将坐骑牵到他身前，耶律洪基已全身发软，左脚踏入脚镫，却翻不上鞍去。两名侍卫扶住他后腰和臀部，用力托举，耶律洪基这才上马。

众辽军见皇帝无恙归来，大声欢呼："万岁，万岁，万万岁！"

这时雁门关上的宋军、关下的群豪听到辽帝下令退兵，并说终他一生不许辽军一兵一卒犯界，也是欢声雷动。众人均知契丹人虽凶残好杀，但向来极为守信，与大宋之间有何交往，极少背约食言，当年宋辽两国缔结"澶渊之盟"，双方迄今信守，何况辽帝在两军阵前亲口颁令，辽国南院大王接旨复述，两军人人听见。倘若日后反悔，大辽举国上下都要瞧他不起，他这皇帝之位都怕坐不安稳。

耶律洪基脸色阴郁，心想我这次为萧峰这厮所胁，许下如此重大诺言，方得脱身以归，实在是丢尽了颜面，大损大辽国威。可是从辽军将士欢呼万岁声中听来，众军拥戴之情却又似出自至诚。他眼光从众士卒脸上缓缓掠过，见一个个容光焕发，欣悦之情见于颜色。

众士卒想到即刻便可班师，回家与父母妻儿团聚，既无万里征战之苦，又无葬身异域之险，自皆大喜过望。契丹人虽骁勇善战，但兵凶战危，谁都难保一定不死，今日得能免去这场战祸，除了少数想在征战中升官发财的悍将之外，尽皆欢喜。

耶律洪基心中一凛："原来我这些士卒也不想去攻打南朝，我若挥军南征，却也未必便能一战而克。"又想："那些女真蛮子大是可恶，留在契丹背后，实是心腹大患。我派兵去将这些蛮子扫荡了再说。"举起宝刀，高声说道："北院大王传令下去，后队变前队，班师南京！"

军中皮鼓号角响起，传下御旨，但听得欢呼之声，从近处越传越远。

（选自《天龙八部》，广州出版社2011年版）

📖 作品导读

《天龙八部》是金庸武侠作品的集大成之作。作者怀着悲天悯人的创作心态，描绘了以段誉、乔峰、虚竹为代表的各色人物在命运操纵和欲望支配下的种种心态和情状，刻画了尘世众生的痛苦和悲哀。全书不局限于个人命运的浮沉，而是将更深邃的目光投向广阔的社会，借助北宋末年这一特殊时期的民族文化冲突，将个人悲剧放置于时代背景之中，使得个体命运在时代的动荡中显得更加无奈与悲凉。

金 庸
（1924—2018）

金庸，本名查良镛，浙江省海宁市人，当代武侠小说作家、新闻学家。金庸继承古典武侠小说之精华，开创了形式独特、情节曲折、描写细腻且深具人性和豪情侠义的新派武侠小说先河，其代表作有《神雕侠侣》《射雕英雄传》《天龙八部》《笑傲江湖》等。

小说以北宋哲宗绍圣年间为历史背景。这一时期，大宋、辽国、女真、西夏、大理并立，他们为了各自的利益展开了错综复杂的政治军事斗争，尤其是实力最强的大宋和大辽，互相仇视和欺压，种种情状，令人不寒而栗。在《天龙八部》中，无论是大宋王朝，还是契丹社会，都一致认为抵御外族是天经地义、理所当然的事情。只有深受身世之苦的萧峰在想："为什么大家好好的都是人，却要强分契丹、大宋、女真、高丽？"然而，在那民族纷争的时代，没有谁能听到萧峰那微弱的声音。在盲目的"排外"思想的指导下，宋辽边境的军民不断地对异方烧杀抢掠。金庸正是持着一视同仁的基调进行创作，因而对各民族之间永无休止的仇杀争斗流露出无比的痛心，也使整部《天龙八部》的民族纷争显示出一种苍凉的悲剧色彩。

本文节选自小说的第五十章即最后一章《教单于折箭 六军辟易 奋英雄怒》。萧峰身居辽国南院大王之位，是辽国重臣，本可以享尽荣华富贵。但是，面对宋辽战争风云，他侠义为重，为国为民，不愿贪图个人名利。为了避免战争带来的生灵涂炭，他拒绝辽帝耶律洪基南下攻宋的指令，遭到猜忌，被关进了大牢。而后，在虚竹和段誉、少林和丐帮等门派的助力下，萧峰逃离辽国。当众人来到宋辽的边界——雁门关时，耶律洪基率领大军追赶，众人被辽军围困，情势危急。萧峰大智大勇，在擒获辽帝耶律洪基后，逼迫他当众发誓"终其一生，不许辽军一兵一卒越过宋辽疆界"，缔造了两国数十年的和平局面，为宋辽两国民众带来了福音！

选文集中体现了在北宋末年民族矛盾激化之中，萧峰所坚守的以天下为己任的精神与舍身成仁的道义。萧峰一生有情有义，是一个思想境界超越国界和民族的英雄人物。因而，金庸对萧峰的评价极高，认为他是"人中之龙"。

知识链接

飞雪连天射白鹿　笑书神侠倚碧鸳

右图是武侠大师金庸先生写的一副对联。每一个字分别取14部中篇、长篇小说名的第一个字，在广大金庸迷心中广为流传。

飞，指的是《飞狐外传》；雪，指的是《雪山飞狐》；连，指的是《连城诀》；天，指的是《天龙八部》；射，指的是《射雕英雄传》；白，指的是《白马啸西风》；鹿，指的是《鹿鼎记》；笑，指的是《笑傲江湖》；书，指的是《书剑恩仇录》；神，指的是《神雕侠侣》，侠，指的是《侠客行》，倚，指的是《倚天屠龙记》，碧，指的是《碧血剑》；鸳，指的是《鸳鸯刀》。

十四部书，一副对联，恰到好处，堪称绝对。

思考探究

❶ "侠之大者，为国为民"，金庸的武侠是江湖肆意，更是家国情怀，他还塑造了哪些经典的爱国主义人物形象呢？

❷ 请结合实际谈谈，作为当代大学生，应如何在实践中弘扬爱国主义精神。

移动阅读

❶《大师金庸》（纪录片）：以2024年纪念金庸先生诞辰一百周年为重要节点，聚焦金庸青少年时期成长、求学的经历，结合时代背景和人物命运，讲述其一生勤奋好学、尊师重友、爱国为民、崇德尚艺的动人故事。

❷《我看金庸小说》（倪匡）：作者用风趣而睿智的笔调讲述了金庸武侠小说的创作特点，并且依照不同作品的不同程度，对金庸作品一一点评，排位论次；按人格的高低优劣，对金庸小说中的主要人物"评头论足"，评定等级。读来情趣盎然，引人入胜。

实践活动

家国情怀,作为中华民族的传统美德之一,源远流长,深植于中华文明的沃土之中。自古以来,无数文人墨客都在诗词歌赋中抒发了对家国的深厚情感,其中有杜甫"国破山河在,城春草木深"的忧国忧民的脉脉深情;有文天祥"人生自古谁无死,留取丹心照汗青"的坚贞不屈的赤诚之心;也有陆游"死去元知万事空,但悲不见九州同"的企盼祖国统一的万古遗憾。这些诗句不仅反映了诗人们的个人情感,也折射出了无数文人志士对国家命运的关切和对民族未来的憧憬。

请以"声声慢,家国情"为主题,组织一场朗诵比赛。

❶ 比赛形式:可单人朗诵也可多人合诵,需配合PPT和音乐等元素进行艺术性表现。
❷ 文本要求:参赛作品需符合主题,可以是古典诗词、现代诗歌、散文等形式。
❸ 评价标准:根据作品内容、语言表达、情感传递、舞台表现等方面综合评定。

五 生命哲思

— 单元导读 —

生命是一段宝贵而独特的长途旅程。

在这段旅程中,风和日丽之时,我们不妨学习陶渊明"采菊东篱下""时还读我书"的生活态度,用心感受它的宁静美好,珍惜这寸寸光阴。

有时,难免风雨骤至,苏东坡则为我们提供了一种积极的思考方向:"竹杖芒鞋轻胜马,谁怕?"当我们接纳挫折,勇敢面对,积极解决,前方一定是"也无风雨也无晴"。

路途平坦时,曾国藩的经验告诉我们:应当勤俭自持,"不可贪爱奢华";应当习劳习苦,"不可惯习懒惰"。因为生活可能随时发生变化,我们要保持内心的坚忍和勤奋,以应对未来的不确定性。

若遇艰难险阻,《最后一片叶子》则为我们揭示了一个深刻的哲理:一个积极的信念系统可以让我们保持乐观和勇敢,通过培养正面的信念,并将其融入我们的生活和决策中,可以让我们攻克难关,应对生活的挑战。

中国古人提出的"顺四时,适寒暑"之说,是对于适应时令的经验之谈。在此基础之上,古人发明了许多浪漫的消夏纳凉之法:或倚靠水畔,或焚香静坐,或泛舟赏荷,当然,还有漫读诗书。

读山海经·其一①

[魏晋] 陶渊明

孟夏②草木长,绕屋树扶疏③。
众鸟欣有托④,吾亦爱吾庐⑤。
既耕亦已种,时还读我书。
穷巷隔深辙⑥,颇回故人车。
欢然酌春酒,摘我园中蔬。
微雨从东来,好风与之俱⑦。
泛览周王传⑧,流观山海图⑨。
俯仰⑩终宇宙,不乐复何如。

(选自《陶渊明集笺注》,中华书局2003年版)

---

① 《读山海经》为组诗,共十三首。这是第一首,写耕余读书之乐。《山海经》:一部记述古代山川异物、神话传说的书。
② 孟夏:初夏,农历四月。
③ 扶疏:枝叶茂盛的样子。
④ 欣有托:找到可以栖息依托的地方而欣喜。
⑤ 庐:本义指田中看守庄稼用的临时小屋,后泛指简陋的居所。
⑥ 穷巷:陋巷。隔:隔绝。深辙:大车轧过的痕迹,此处代指显贵者所乘之车。
⑦ 俱:一起来。
⑧ 周王传:指《穆天子传》,记载周穆王驾八骏西征的故事。名为传,实际上属于编年史书,其体例近于后世的起居注。
⑨ 山海图:《山海经图》,古人疑《山海经》本依图画而述之。晋代郭璞曾为《山海经》作注,并加图赞,后亡佚。
⑩ 俯仰:一低头一抬头的工夫,指顷刻之间。

作品导读

陶渊明（365—427），名潜，字元亮，别号五柳先生，私谥靖节，世称靖节先生。东晋末到南宋初杰出的诗人、辞赋家、散文家，其诗文多描绘田园风光及田园生活，语言朴素平易又富有情致和趣味，被誉为"田园诗派鼻祖"。

《读山海经十三首》是一组联章诗，本篇是第一首，为序诗，引出诗人耕种之余的读书之乐；后十二

首承续本篇，写诗人读《山海经》与《穆天子传》时的奇思异想及对人生和政治的感慨。在当时黑暗动乱的社会背景中，诗人辞官隐居，在田园生活中找回了适应自己天性的归属感，这组诗可看作当时诗人思想状态的全面映照。

诗的开篇写初夏时节，草木繁茂，树阴笼绕村居，一派幽静，这正是诗人与鸟群的乐土，"众鸟欣有托，吾亦爱吾庐"二句，虽平平道出，却饱含深情，写出世间万物各得其所之妙。此时耕种既毕，收获尚早，炎夏昼长，正是读书的好时节。可是刚待开卷，却闻得门前传来车马声——原来诗人虽居于陋巷，故友却也时来探望。有朋来会，诗人心中欣然不已，而奉上春天酿的新酒、摘下园中的鲜蔬，是诗人最家常也是最真诚的待客之礼。

一时间，微雨好风忽从东而至，吹散暑气，天地更是一片清明新鲜，令人惬意。于是，那放下的书重新被诗人拿起——并非圣贤经传，而是适合闲读的"小说"——《山海图》《周王传》，闲时读闲书，不带功利，无须艰苦，而正是因这纯粹，让人无比闲适快意！陶诗之美，往往源自这种"无意"与"纯粹"，"采菊东篱下，悠然见南山"如此，此处亦是如此。"俯仰终宇宙，不乐复何如。"二句，是神来之笔，妙在写出了"读山海经"的感觉，由于专注凝情，诗人仿佛进入书中世界，遨游大千，神交古今，产生了与天地万物融为一体的甚深喜悦！

全诗如同信手拈来、率真自然，却又一派圆融、意蕴深广。诗人回归田园，既无衣食之忧，又可以享受耕读生活的充实自得，以及物我交融所带来的舒畅愉悦：与诗人生命交融一体的不仅是草木飞鸟，还有志趣相投的故友；不仅有融入自然的怡然兴致，还可借助读书感受天地万物的微妙。在陶诗中，这种自然流出的人生乐趣与生命境界，令后世无数士人为之神往。

知识链接

叔本华论读书

没有别的事情能比读古人的名著更能带给我们精神上的快乐。我们一拿起一本这样的古书来，即使只读半小时，也会觉得无比的轻松、愉快、清净、超逸，仿佛汲饮清冽的泉水似的舒适。这原因，大概一则是由于古代语言之优美，再则是因为作者的伟大和眼光之深远，其作品虽历数千年，仍无损其价值。

思考探究

❶ 陶渊明耕种之余所读的是哪类书？哪一句诗体现了他读这类书的乐趣？是怎样的一种乐趣？

❷ 陶渊明在《读山海经·其一》一诗中，表达了耕读生活之乐，这种生活理念和精神状态一直为后世文人所向往。近年来，一些反映田园生活的短视频也让某些博主成为备受关注的现象级流量。这两者是否有共同点？请谈谈你的看法。

移动阅读

❶《山水有清音：古代山水田园诗鉴要》（葛晓音）：本书为"大家小书"系列丛书中的一本。书中精选从陶渊明至苏轼共25位田园诗人的55首诗歌，详细解读了这些田园诗人的作品与风格，带领读者了解与领略古代山水田园诗的发展概况、美学风格。

❷《千古风流人物——隐逸诗宗陶渊明》（纪录片）：本片共两集，第一集介绍陶渊明仕途不畅，五进五出；第二集介绍他归田园居后的生活。辞去彭泽县令，是陶渊明一生的分水岭。在此之前，他时官时隐，在生活与追求自己天性之间辗转反侧。在此之后，他时耕时读，过上了返璞归真的农居生活。

陶渊明在读书中神交古人，而后人则在陶诗中向往田园。若论谁是陶渊明跨越时空的知己，则非苏东坡莫属。纵观苏东坡的一生，确实与陶渊明有许多相同的人格特质：他们热爱生活，善于捕捉生活中的乐趣，无论身处何处，皆能感受到"人间有味是清欢"；他们又超脱现实，遭遇逆境也仍然保持乐观豁达的心态，直达"也无风雨也无晴"的人生胜境。

定风波

[宋] 苏轼

三月七日，沙湖①道中遇雨，雨具先去，同行皆狼狈②，余独不觉。已而遂晴，故作此。

莫听穿林打叶声，何妨吟啸③且徐行。竹杖芒鞋④轻胜马，谁怕？一蓑⑤烟雨任平生。

料峭⑥春风吹酒醒，微冷，山头斜照却相迎。回首向来萧瑟处⑦，归去，也无风雨也无晴。

《定风波》

（选自《唐宋名家词选》，上海古籍出版社1980年版）

📖 作品导读

苏轼（1037—1101），字子瞻，号东坡居士，与父苏洵、弟苏辙合称"三苏"，其文纵横恣肆，为"唐宋八大家"之一；其词独具一格，开豪放一派，与辛弃疾并称"苏辛"；

---

① 沙湖：据《东坡志林》卷一《游沙湖》所载，沙湖在湖北黄冈市东南三十里处，亦名螺丝店。
② 狼狈：进退都感到困难，形容处境困窘、难堪。
③ 吟啸：吟诗、长啸。表示意态闲适。陶渊明《归去来兮辞》："登东皋以舒啸，临清流而赋诗。"
④ 芒鞋：草鞋。
⑤ 蓑：蓑衣，用棕叶或竹叶编织而成的雨衣。
⑥ 料峭：开春微寒。
⑦ 萧瑟处：指遇雨的处所。萧瑟，即指风雨穿林打叶声。

其诗题材广阔，清新豪健，与黄庭坚并称"苏黄"。

此词作于宋神宗元丰五年春，苏轼因"乌台诗案"被贬黄州的第三个春天。词序先交代时间、地点、人物及写作缘由：这日出游沙湖道，突遇春日急雨。一起游玩的朋友避雨不及，唯有自己吟咏自若，缓步而行。

上片写词人路上偶遇风雨。前两句写风雨"穿林打叶"，迅疾而来，既突出了风雨的狂暴，又反衬起首的"莫听"，表达了词人对风雨骤至的不以为意。不但不以为意，词人还乐在其中："何妨吟啸且徐行。"风雨既不能改变，不妨享受这雨中行走的乐趣。"竹杖芒鞋轻胜马"写词人雨中前行的从容，"谁怕"二字诙谐可爱，颇能窥见词人的性格特点；"一蓑烟雨任平生"则由眼前风雨进一步写到整个人生，传达出一种从容不迫、笑傲人生的喜悦与豪迈。

下片写风雨过后词人所感。"料峭"三句，写风雨已去，天已放晴。"相迎"二字，赋斜阳以人情，情景相融，令人豁然开朗——回望此前的风雨萧瑟，已转瞬即逝。"归去，也无风雨也无晴"是本篇的点睛之笔，"风雨"二字一语双关，既是大自然的风雨，又暗喻了政治风雨和人生的荣辱得失。词人在自然现象的瞬间万变中顿悟到：风雨骤然而至，人生何尝不是如此，只要以达观的心态从容面对，风雨终将过去，生活会更加美好。

该词由一件饶有趣味的日常小事写起，融入词人洒脱的人生态度与深刻的人生感悟，具有极高的艺术感染力，备受后世读者的喜爱，千百年来传诵不已。

知识链接

定风波

定风波，唐代教坊曲，相传起源于两首武将与儒生相答的敦煌曲子词，定风波以喻平定社会动乱，故而词风豪健。苏轼的《定风波·莫听穿林打叶声》可谓这一词牌最经典的作品。此外，苏轼还有一首非常"治愈"的《定风波·南海归赠王定国侍人寓娘》：

常羡人间琢玉郎，天应乞与点酥娘。尽道清歌传皓齿，风起，雪飞炎海变清凉。

万里归来颜愈少。微笑，笑时犹带岭梅香。试问岭南应不好，却道：此心安处是吾乡。

王定国是苏轼的朋友，因受到"乌台诗案"的牵连被贬岭南，其间唯有侍女寓娘不离不弃，甘苦与共。后两人终得北归，饮宴时，苏轼问寓娘：岭南应该很苦吧？寓娘却笑着回答：此心安处是吾乡。一问一答，令人动容。

思考探究

❶ 苏东坡的许多诗文都备受后世读者的喜爱,有人甚至将他的诗词作为座右铭或网络签名,如"一蓑烟雨任平生""此心安处是吾乡"等。请谈谈你对这一现象的看法。

❷ 苏东坡一生多次被贬、颠沛流离,但他却能超越个人的政治得失,每到一个地方,在勤政惠民的同时又用心体验生活的烟火气。请回顾、结合以往所学的作品,谈谈你的看法。

移动阅读

❶ 《苏东坡新传》(李一冰):本书以东坡诗词为主线,兼及东坡诗集、后人笔记等百余种资料,以丰富的资料和热情的笔触,为读者呈现出一个立体的苏东坡形象。

❷ 《唐宋八大家》(纪录片):该纪录片从唐宋八大家的人生轨迹入手,展现了唐宋波澜壮阔的山河美景及人文风俗,有助于观众了解唐宋的历史变迁,以及唐宋八大家对中国文化的传承与发展。

> 中华民族自古讲究门风，注重家教。家风家训作为传承家族精神的载体，当中蕴含着许多经验得失的总结与为人处世的智慧，能够引领家族代代延续、走向辉煌。
>
> 《曾国藩家书》是由晚清名臣曾国藩所撰、亲友子弟编纂的一部书信体家书家训集，蕴含丰富深刻的人生处世、官场应变、家族事业、子孙教育等内容。曾氏家族后人绵延至今已有八代，在各行各业有突出成就者达二百四十余人。家族常青、人才辈出的奥秘何在？我们不妨在这些家书的字里行间去探寻、思索。

勤俭自持，习劳习苦①

曾国藩

字谕纪鸿儿②：

家中人来营者，多称尔举止大方，余为少慰。凡人多望子孙为大官，余不愿为大官，但愿为读书明理之君子。勤俭自持③，习劳习苦，可以处乐，可以处约④，此君子也。余服官二十年⑤，不敢稍染官宦气习，饮食起居，尚守寒素家风⑥，极俭也可，略丰也可，太丰则吾不敢也。

凡仕宦之家，由俭入奢易，由奢返俭难。尔年尚幼，切不可贪爱奢华，不可惯习懒惰。无论大家小家、士农工商，勤苦俭约，未有不兴，骄奢倦怠，未有不败。尔读书写字，不可间断。早晨要早起，莫坠高曾祖考以来相传之家风⑦。吾父吾叔，皆黎明即起，尔之所知也。

凡富贵功名，皆有命定，半由人力，半由天事。惟学作圣贤，全由自己作主，不与天命相干涉。吾有志学为圣贤，少时欠居敬⑧工夫，至今犹不免偶有戏言戏动。尔宜举止端

---

① 标题为编者所加。
② 纪鸿：曾纪鸿（1848—1881），字栗诚，曾国藩次子，中国近代著名的数学家，主要靠自学成才，有《对数评解》《圆率考真图解》《粟布演草》等数学专著传世。
③ 勤俭：努力不懈。自持：自我克制和把持。
④ 乐：丰乐。约：俭约。
⑤ 服官：做官。
⑥ 寒素家风：代代相传的俭朴家风。
⑦ 坠：失掉。高曾祖考：去世的高祖父、曾祖父。
⑧ 居敬：宋代理学家主张的一种注重内心省察的道德修养方法。

庄，言不妄发，则入德之基也。

手谕（时在江西抚州门外）
咸丰六年九月二十九夜
（选自《曾国藩家训》，岳麓书社1999年版）

作品导读

曾国藩（1811—1872），原名子城，字伯涵，号涤生，湖南湘乡人。中国晚清政治家、战略家、理学家、文学家。

曾国藩一生建立了无数功绩，他领导的湘军力挽狂澜，救清王朝于危难之中；他为中国揭开了近代化的序幕，在他的倡议下，中国建造了第一艘轮船，开启了中国近代制造业的先河；建立了第一所兵工学堂，是中国近代高等教育的肇始；促成了第一批留学生赴美学习，为国家培养了大批栋梁之材。可以说，曾国藩对中国近代以来的政治、军事、文化、经济等方面都产生了深远影响。

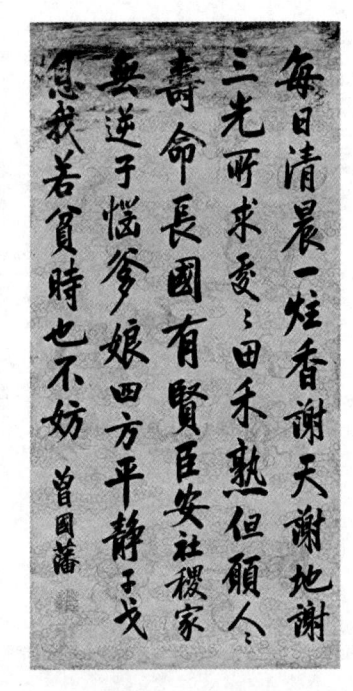

但更为后人津津乐道的是，作为一位资质平凡的普通读书人，曾国藩通过立志勤学、反省修身，竟然成长为"千古第一完人"，成为中国传统文化背景下的人格典范；而他一生所积累的经验与智慧，对子弟的关照与教导，又通过家书家训为其家族后人所传承，因此便有了曾氏家族的常青不衰、英才辈出。这些成长的历程、人生的经验，今天仍然可以在曾国藩的日记以及他的家书中窥探其中。

本文是曾国藩写给儿子曾纪鸿的一封家书，体现了曾氏家风文化的核心——"勤"与"俭"。曾纪鸿是中国近代著名的数学家，自学成才，著有《圆率考真图解》等数学专著。曾国藩一生政务繁忙，却不曾因此忽略对儿女的教育。此信以来到军营的家中人夸奖纪鸿举止大方开篇，既饱含慈父的拳拳之心，又颇具现代教育智慧。继而提出自己对子孙的期望与世人不同，不愿他们进入仕途，而是走读书明理的道路，这一观念得到了家族子弟的贯彻落实，因此曾氏后人多往科研、教育的领域发展，成为国家的杰出人才。

信中还告诫儿子应当习劳习苦，生活上不可贪爱奢华，因为勤俭能兴家，骄奢定败家！以家中长辈黎明即起为正面例子，告诫读书上不可惯习懒惰。最后，十分恳切坦诚地以自己的缺点为反面例子，告诫儿子个人道德修养的基础在于举止端庄、不戏言妄语。

全文语言朴实，恳切自然，在平淡家常中蕴藏真知良言，在谆谆教诲中倾注着慈爱之心，读之令人心悦诚服。

知识链接

著名家训格言

夫君子之行，静以修身，俭以养德。非淡泊无以明志，非宁静无以致远。(《诫子书》)

习闲成懒，习懒成病。(《颜氏家训》)

心术不可得罪于天地，言行皆当无愧于圣贤。(《钱氏家训》)

一言一行，常思有益于人，唯恐有损于人。(《张氏家训》)

天下之事立志最为重要，立志为成事之基础，志之所在乃心之所在，心之所在则关乎事之成败。(《张氏家训》)

一粥一饭，当思来之不易；半丝半缕，恒念物力维艰。《朱子家训》

器具质而洁，瓦缶胜金玉。饮食约而精，园蔬愈珍馐。(《朱子家训》)

凡世家子弟，衣食起居，无一不与寒士相同，庶可以成大器；若沾染富贵习气，则难望有成。(《曾国藩家书》)

教子有五：导其性，广其志，养其才，鼓其气，攻其病，废一不可。养子弟如养芝兰：既积学以培植之，又积善以滋润之。(《戒子通录》)

思考探究

❶ 在这封家书中，曾国藩希望儿子能在哪几方面的品格上加以注意？

❷ "少成若天性，习惯如自然"，请结合你所知道的实例，谈谈家风家教对于个人成长与家族发展的作用。

移动阅读

❶《百家讲坛——郦波评说曾国藩家训》(电视节目)：中央广播电视总台在曾国藩诞辰二百周年之际推出的扛鼎之作，通过故事化的讲述方式传播曾国藩的思想，有助于观众轻松了解一个更加有血有肉的曾国藩，从中汲取有关修身养性、家庭教育、励志成功等具有借鉴价值的内容。

❷《家风》(纪录片)：该片以古代著名家训为切入口，从《颜氏家训》《朱子家训》到《曾国藩家书》《钱氏家训》，讲述这些著名家族发展的历史脉络，以及他们对传统美德的执着追求，体现中国人超越时代的家族凝聚力与责任感。

> 富兰克林说过:"希望是生命的源泉,失去它生命就会枯萎。"生活中总会遇到挫折与磨难,但不论如何,希望总会有。那么当一个人的生命如秋日的常春藤叶一般枯萎又会如何呢?欧·亨利在《最后一片叶子》中给了我们答案。生命对每个人来说都只有一次,为了带给别人生的希望不惜以牺牲自己宝贵的生命为代价,这其中闪现的人性的光辉让人不禁动容。

最后一片叶子[①]

[美]欧·亨利

华盛顿广场的西边有个小街区,那里的街道简直像疯了一样,横七竖八,纵横交错,它们把自己分割成一条条"小巷"。这些"小巷"拐弯抹角,叫人摸不着头脑,它们当中有的甚至还能跟自己本身交叉不止一次。有位画家还设想这条街上可能发生这样的稀罕事:假设一个收账的人,来到了这里催颜料、画纸和帆布的钱,他会突然发现自己总是回到原地,一个子儿都没有收回来!

很快,就有许多画画的人冲着那些朝北的窗子、十八世纪的三角墙、荷兰式阁楼,以及低廉的租金,找到了这个古香古色的老格林威治村[②]。他们从第六大道带来了白蜡杯子和几口烘锅,就此形成了一处"艺术区"。

在一座低矮的三层砖房楼里的阁楼,苏和琼西拥有了一间工作室。"琼西"是乔安娜的昵称。她俩一个来自缅因,一个来自加利福尼亚。两人在八号街"德尔莫尼科"餐厅的餐桌上相遇,聊天中发现彼此无论对艺术,还是在对莴苣沙拉和灯笼袖的品位上都是那么相投,于是一拍即合,共同开设了这间工作室。

那是五月里的事情了。这年十一月,一位冷酷的不速之客侵入了这里,医生们管它叫"肺炎"。它在这一地区潜行蔓延,冰凉的手指触摸着一个又一个

[①] 选入本书时略有改动。
[②] 格林威治村:美国纽约西区的地名,住在这里多半是作家、画家等。

生命。在东边,这位破坏者肆虐横行,大批受害者染病倒下。幸而在这块街巷逼仄,苔藓丛生的迷宫中,它总算放缓了践踏的脚步。

肺炎先生可绝不是什么有骑士精神的老绅士。一个身板单薄、被加利福尼亚的西风吹得几乎没有血色的弱女子,怎么敌得过这个摩拳擦掌、气势汹汹的老混蛋!但它还是狠狠地袭击了琼西。她倒下了,几乎一动都不能动,躺在一张刷漆的铁床上,只能透过小小的荷兰窗玻璃,凝望着隔壁砖房那堵单调的侧墙。

一天早上,忙碌的医生扬起他那灰白色的杂乱粗眉,示意苏跟他到走廊里去。

"这么说吧,她活下来的概率只有一成。"医生边说边把体温计里的水银柱甩下去,"而且这还得看她的求生意志。现如今好些人宁愿到殡仪馆去排队也不想活下去,这情形让整个医疗业就像个笑话。你的这位小姐妹已经断定自己不能康复了。她还有什么心愿吗?"

"她——她想有一天能去那不勒斯湾写生。"苏说。

"画画?瞎扯!她脑子里就没有值得考虑的东西了吗——比如男人?"

"男人?"苏吓了一跳,喉咙里发出奇怪的声音,"难道男人值得——不,医生,没有这样的东西。"

"唉,那这就是很不利了。"医生说,"我会尽一个医生的所能,目前看来我的努力还是能起一点作用的。可一旦病人开始算能来多少辆马车给她送葬,药物的作用就得扣除一半。但如果你能让她打听起今年冬季时髦的斗篷袖,我就有五成把握能救她——明白吗?是五成,不是一成!"

医生离开后,苏跑进工作室,哭湿了一条日本餐巾。然后,她夹着画板大摇大摆地晃进了琼西的房间,一边还吹着调子滑稽的口哨。

琼西躺在那儿,脸朝着窗户,被单下几乎不见波动。口哨声戛然而止,苏想琼西是睡着了。

她摆好画板,开始用钢笔为杂志画故事插图。年轻画手们为了在艺术上求得前途,不得不先为杂志画许多故事插图。而杂志上那些故事,则是年轻作者们为了寻求文学上的发展而创作的。

苏的笔刷刷地勾勒着,一条讲究的马裤,一副单片眼镜,一位主人公的形象跃然纸上——她画的是一名爱达荷牛仔。这时,她听见一个低低的声音翻来覆去在念着什么,一下子奔到床边。

琼西的双眼睁得大大的,凝视着窗外,数着数——是倒着数。

"十二",她数道,停了一会儿,"十一"。接着是"十",然后"九","八"和"七"又几乎是同时出来的。

她寂寞地望着窗外。有什么可数的?外头只有一个荒芜凄凉的院子,二十英尺外就是隔壁楼那堵沉闷的侧墙。一株很老很老的常春藤,盘根错节,近乎枯萎,爬满了半堵墙。深秋凛冽的寒风将藤上的叶子吹得七零八落,只剩下光秃秃的藤蔓绝望地趴在斑驳的墙砖上。

"怎么了,亲爱的?"苏轻声问道。"六",琼西数着,轻如耳语,"它们掉得越来越快了。三天前还有近百片呢,我数得头都疼了。可现在轻松了。又掉了一片。只剩五片了。"

"五片什么,亲爱的?告诉你的苏嘛。"

"叶子。常春藤上的叶子。最后一片叶子掉落的时候,我也该一块儿走了。我三天前就知道了。医生没跟你说吗?"

"哎呀,我可没听过这些胡说八道。"苏埋怨道,满口不以为然,"这棵老藤跟你的康复有什么相干?你以前不是还特别喜爱它吗?别犯傻啦,淘气丫头!今早医生跟我说了,你马上就能好起来,康复的可能性是——让我想想他具体是怎么说得来着——他说,有百分之一千的把握!那可不亚于咱俩在纽约乘电车或者路过一幢新大楼的概率!来,喝点儿肉汤,然后我继续画插画,卖给那个男编辑,赚了钱给苏的病娃娃买瓶波特酒,然后再给我这只馋猫弄些上好的猪排。"

"不用买什么酒了。"琼西的目光牢牢盯着窗外说,"又掉了一片。我不要肉汤。只剩下四片叶子了。我想天黑前看着最后一片叶子掉下去。然后我就跟着一块儿走了。"

"琼西,亲爱的。"苏弯腰看着她,"答应我,闭上眼睛,在我画完之前不要看窗外好吗?我明天必须交画稿。要不是我需要光线,就把遮帘拉下来了。"

"你就不能到隔壁屋去画吗?"琼西冷冰冰地问。

"我想在这儿陪着你。"苏答道,"而且我也真不想让你老看着那几片蠢叶子。"

"你画完告诉我。"琼西说着闭上了眼睛,仿佛一尊倒下的雕像,苍白而安静,"我还要看最后一片叶子凋落。我等得太累了,想得太累了。我想要放手,抛下一切,坠落,一直坠落,就像那些可怜又疲惫的叶子一样。"

"睡会儿吧。"苏说,"我得去把贝尔曼喊上来,请他给我当个隐居老矿工的模特。就一分来钟,我回来之前你不许动啊。"

贝尔曼也是一位画家,就住在她俩这栋楼的底楼。他已经六十好几了,那一把大胡子跟米开朗基罗的摩西雕像一般[①],长在一颗像是半人半羊的森林

---

① 米开朗基罗(1475—1564):意大利著名画家、雕塑家、建筑师。他在罗马教皇朱利二世的墓上雕刻了摩西像。

之神萨蒂尔的脑袋上①，底下还有个小魔怪般的身子。贝尔曼的艺术事业很失败。他画了四十多年，却连心上人的裙边儿都没挨着过②。他总说自己马上就要创作出一幅杰作，却从未真正动笔。好几年来，除了偶尔在宣传单、广告页上面涂涂抹抹之外，他什么正经作品也没有画出来。他收入微薄，靠着给艺术区的年轻画家们当模特赚几个子儿——这些画家当然没钱请专业模特。他酗酒，杜松子酒是他的命根子，嘴里还整天叨念着那幅即将面世的杰作。此外，他还是个脾气暴躁的小老头，嘲讽起别人的软弱来毫不留情。他自诩为楼上工作室两位年轻画家的忠实卫士，时刻准备着出手保护姑娘们。

苏在楼下那个昏暗的蜗居里找到了浑身散发着酒味儿的贝尔曼。房中一处角落里的画架上，绷着一块空白的帆布，等着他落下那幅杰作的第一笔，一等就是二十五年。苏跟贝尔曼说了琼西的胡思乱想，她说自己害怕，怕就像那片叶子般枯槁而脆弱的琼西真的就这么飘走，随着她对这个世界的留恋越来越弱，生命也渐行渐远。

贝尔曼气得双眼通红，含着泪大声嘲笑这愚蠢的幻想。

"开什么玩笑！"他大喊，"这世上怎么会有人蠢到因为叶子从那该死的藤上掉下来就不活了呀？我从没听说过这种荒唐事！不行，我不能去给你做什么蠢隐士的模特！你怎么能让这种愚蠢的想法进了她的脑子？哎哟，我可怜的小琼西！"

"她病得特别厉害，特别虚弱。"苏不服气地辩解，"烧糊涂了，满脑子胡思乱想。好吧，贝尔曼先生，你不想给我当模特就拉倒，可是我还是要说，你真是个特别讨厌的老——老啰唆鬼！"

"你怎么这么婆婆妈妈！"贝尔曼吼道，"谁说我不干了？走，我跟你去啊。半小时前我就答应给你当那个模特了！老天！这可不是个能让琼西姑娘好好养病的地方。总有一天我会画出那幅杰作，然后我们一起搬走！老天！一起搬走！"

两人来到楼上时，琼西已经睡着了。苏把遮帘拉下，示意贝尔曼跟她去隔壁房间。他俩坐在屋里，忧心忡忡地瞥向窗外的常春藤，大眼瞪小眼，相对无言了好一会儿。窗外下起了雨，细密冰冷，夹杂着雪片。贝尔曼穿着他那件蓝色的旧衬衫，坐在倒扣过来充当岩石的水壶上，扮演起那个隐居的老矿工。

第二天早晨，苏只睡了一小时就醒了，发现琼西无神的双眼瞪着拉下来的绿色遮帘。

"拉上去。我要看看。"她气若游丝地命令道。

---

① 萨蒂尔：希腊神话中半人半兽的森林之神，长着马耳马尾或羊角羊尾。
② 心上人：此处指艺术女神缪斯。

苏无奈地照做了。

可是，看哪！经历了冰雨的冲刷、寒风的摧残，熬过了一辈子那么漫长的一夜后，竟然还有一片常春藤叶贴在墙上。那是藤蔓上的最后一片叶子。叶柄附近依然深绿，但锯齿状的边缘已经枯黄。它傲然挂在藤条上，在离地面二十英尺的半空中坚守。

"这就是最后一片叶子。"琼西说，"我以为它昨晚一定会掉的。我听到了风声。它今天肯定会掉，我也会跟它一块儿走。"

亲爱的，亲爱的！苏憔悴的脸都快贴上了枕头，"你不为自己着想，也为我想想啊！你走了，我要怎么办？"

可琼西没有回应。这个世界上最寂寞的，莫过于一个已经准备踏上神秘而遥远的旅程的灵魂。这种信念一天比一天更坚定地占据了她的心灵，而她与友情、与世界的那些纽带则一根一根松开了。

时间一分一秒地流逝，即便在暮色中，她们仍然能够看见那片孤零零的常春藤叶依旧紧紧依附着墙上的藤蔓。夜幕降临，北风又如脱缰野马般肆虐起来，大雨又敲打起窗户，雨水沿着低矮的荷兰式屋檐哗哗地流。

天刚亮，琼西便残忍地命令苏升起遮帘。

那片叶子还在那儿。

琼西躺在床上，久久地凝视着它。她开口把在炉灶旁搅拌鸡肉汤的苏唤了过来。

"我真是个坏姑娘，苏迪。"琼西说，"一定有什么力量让最后那片叶子坚守在那里，为了让我看看自己有多犯浑。想死是一种罪过啊。你给我盛点儿肉汤来吧，牛奶里要加点波特酒，还有——不不，先给我面镜子，再给我加几个枕头，我想坐起来看你煮汤。"

一小时后，她开口道："苏迪，我想找一天去那不勒斯湾写生。"

当天下午，医生过来了。苏找了个借口，跟着医生溜到走廊里。

"有一半指望了。"医生紧握住苏颤抖着的瘦弱双手说，"好好看护，你会赢的。现在，我要去看看楼下那位患者了。他叫贝尔曼，应该也是位画家吧。他年纪大了，身体虚弱，病得太重，看来没希望了，但今天还是送他去住院，让他舒服一些。"

第二天，医生告诉苏："她脱离危险了，你赢了！现在就只需要补充营养和悉心照料了。"

这天下午，苏来到琼西床边，琼西靠在那儿，安详地编织着一条蓝得耀眼却毫无用处的羊毛披肩。她伸出胳膊，连人带枕头一把抱住琼西。

"我有件事要告诉你，小东西。"她说道，"贝尔曼先生因为肺炎今天在医院去世了。他只病了两天。第一天早上，看门人发现他倒在楼下的房间里，疼得没办法。他的鞋子衣服都湿透了，被冻得像冰一样。他们想不出在那样一个可怕的夜晚，他究竟出门去了哪里。后来，他们找到了一盏还亮着的油灯，一把被挪动过的梯子，散落在地上的画笔，还有混着绿色和黄色颜料的调色板，而且——你看看窗外吧，亲爱的，看看墙上那最后一片常春藤叶子。你不是奇怪风那么大，它怎么能不飘动也不掉落吗？唉，亲爱的，那就是贝尔曼的杰作——他在最后一片叶子掉落的那个晚上，把它画在了墙上。"

（选自《欧·亨利短篇小说集》，浙江文艺出版社2015年版）

作品导读

欧·亨利的作品充满了对小人物的同情，以温柔的笔触对小人物的善良乐观、正直无私常给予毫不吝啬的赞美。特别以他"含泪微笑"的创作风格及出人意料的"欧·亨利式结尾"闻名于世。他一生写了近300篇短篇小说，其主要作品有《麦琪的礼物》《警察与赞美诗》《最后一片叶子》《二十年后》等。

传奇人生——
欧·亨利

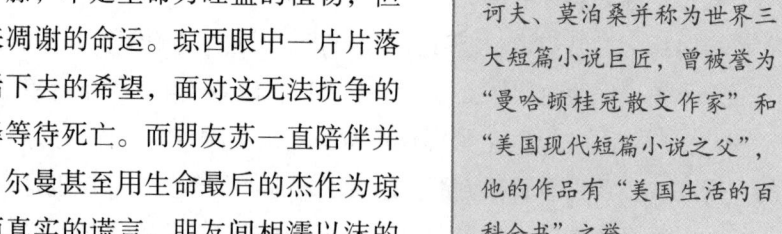

欧·亨利
（1862—1910）

欧·亨利，美国短篇小说家，生于美国北卡罗来纳州的一个医生家庭。他与契诃夫、莫泊桑并称为世界三大短篇小说巨匠，曾被誉为"曼哈顿桂冠散文作家"和"美国现代短篇小说之父"，他的作品有"美国生活的百科全书"之誉。

本文讲述了老画家贝尔曼为了给患肺炎的年轻女画家琼西生的希望，在一个暴风雨的夜晚在墙上绘制了最后一片"永不凋零的"常春藤叶，因而不幸罹患肺炎去世的故事。常春藤，本是生命力旺盛的植物，但在深秋也不免会迎来凋谢的命运。琼西眼中一片片落下的叶子带走了她活下去的希望，面对这无法抗争的自然现象，琼西选择等待死亡。而朋友苏一直陪伴并鼓励着她，老画家贝尔曼甚至用生命最后的杰作为琼西编织了一个善良而真实的谎言，朋友间相濡以沫的情感和普通人之间的无私与情谊得到了充分的彰显。

小说的结尾突如其来，却又在情理之中。作为主角的贝尔曼出场次数不多，用生命画出最后一片藤叶的情景作者也没有过多地描写，只不过在文末借苏之口转述。当谜底揭晓，读者们茅塞顿开，惊叹不已，欧·亨利式结尾的魅力正在于此。

知识链接

生死之门

在南太平洋岛屿上，生存着一种小鸟，叫莺鸟。莺鸟以一种叫蒺藜的草籽为食，但这种草籽浑身是锋利的硬刺，果肉被一层深深的内核包裹着，莺鸟要啄食到里面的果肉，可不是一件易事。它必须先把草籽顶在地上，又咬又拧，然后顶住岩石，上喙发力，下喙挤压，直到精疲力竭才能把外壳弄掉，吃到果肉。许多啄不开草籽外壳的莺鸟被活活地饿死，只有少部分的莺鸟顽强地生存下来。科学家对这种莺鸟做过研究，只有喙长达到11毫米的莺鸟，才能啄开草籽的外壳，求得生存；而喙长10.5毫米以下的莺鸟，因无法啄开草籽而活活地饿死。

原来，莺鸟的生死之门，相隔仅仅是0.5毫米！事实上，人生的命运和成败也是由细微差别决定的：一位考生，差0.5分，可能由此而落榜；一位运动员，差0.5秒，可能由此而与冠军无缘……

莺鸟的喙长是与生俱来的，但人却可以通过后天的努力不断增长自己的智慧和才干。既然我们知道生死之门有时相隔仅仅0.5毫米，我们何不努力一点，再努力一点，使我们的生存之"喙"长一点，再长一点。它改变的，可能就是我们的一生。

思考探究

❶ 老画家贝尔曼画常春藤叶本应是小说的重要情节却没有实写，作者为什么这样处理？

❷ 琼西听完苏关于最后一片藤叶没有凋零的解释后，心里会作何感受？试写一段话表现琼西的心理活动。

移动阅读

❶《欧·亨利短篇小说集》（欧·亨利）：欧·亨利是美国著名的短篇小说家之一，善于描写美国社会尤其是纽约百姓的生活。他的作品构思新颖，语言诙谐，富于生活情趣，并隐含着一些哲思。

❷《马克·吐温短篇小说集》（马克·吐温）：本书收录了"美国文学之父"马克·吐温的短篇小说名篇，文笔幽默，语言辛辣，尖锐地讽刺和揭露了像瘟疫般盛行于美国当时社会的投机、拜金热，及暗无天日的社会现实。

实践活动

各位同学,你听过家中长辈讲过他们的生活经历、了解他们年轻时的故事吗?家族中有没有家谱或者族谱?事实上,我们每个人都有属于自己的文化谱系和血脉传承,当我们追溯家族往事,才能更好地知道自己从何而来,又去向何方。

想重新认识自己的祖辈、了解家族的历史,方法很多,其中最方便的就是口述史。口述史是一种又古老又新颖的方法,即访谈历史现场的见证人,整理他们的口述。通过家族口述史,可以让我们聆听长者声音,追溯家族往事,记录大历史下的小人物,理解平凡中的不平凡。

请尝试以小组为单位,开展一次以"家族口述史"为主题的访谈活动。

❶ 成立项目组,并进行摄影、采访、记录等职责分工。
❷ 确定采访的对象,如家族中德高望重、经历丰富的长辈。
❸ 规划方向,讨论确定采访的提纲。
❹ 约好采访的时间地点,如约访谈并形成录音记录,再整理成文稿。

通过这次活动,我们可以对家族历史、家族传承更加了解,感知祖辈的奋斗与艰辛,更好地传承家族中的优良传统。

六 山川风物

单元导读

"月、露、风、云、花、鸟之在天地间，俄顷灭没，而诗人能结之不散。"山川风物的壮阔、四时景致的清雅，历来是文学家喜爱的吟咏对象。他们善能欣赏大自然的种种妙处，以景入情、以情动人，为后世留下了许多动人心弦的作品。

同对一轮月，有人慨叹"星垂平野阔，月涌大江流"的壮丽，也有人产生"露从今夜白，月是故乡明"的情思；而富于哲思者，却能感悟天地之悠远、生命之有限："江畔何人初见月？江月何年初照人？"同逢一季秋，青年爱"晴空一鹤排云上，便引诗情到碧霄"的高远，老病之人或萌生"无边落木萧萧下，不尽长江滚滚来"的寂寥；而忙于事务者，常常唤醒心性中的澄明与淡然："望峰息心、窥谷忘返"……

"每个人心中的风景都不一样"，可以说，欣赏这些诗文，也是在欣赏不同的心境、不同的人生，丰富我们的生命体验。

"春有百花秋有月，夏有凉风冬有雪。"——善能欣赏，则心中有诗意，处处皆美景。愿你我在人生的旅途中，善于欣赏、体悟属于我们的每一处风光。

在中国传统诗文中，月无疑是一个最能体现中国人时空观念的意象。无论是远隔千里，还是相距千载，对的皆是同一轮明月。在缺乏即时沟通手段的古代社会，月亮便成了人们寄托、抒发情感的一个象征，被赋予了超越时空的能力。也因此，月能够唤起人们阔大苍茫的宇宙意识和历史意识、悲壮雄浑的天问意识和审美境界。

春江花月夜

[唐]张若虚

春江潮水连海平，海上明月共潮生①。
滟滟②随波千万里，何处春江无月明。
江流宛转绕芳甸③，月照花林皆似霰④。
空里流霜⑤不觉飞，汀⑥上白沙看不见。
江天一色无纤尘⑦，皎皎空中孤月轮⑧。
江畔何人初见月？江月何年初照人？
人生代代无穷已，江月年年望⑨相似。
不知江月待何人，但见长江送流水。

《春江花月夜》

---

① "春江"二句：写明月初出时的景象。月亮从地平线升起，在水边望去，就好像从浪潮中涌出一样。海，指宽阔的江面。
② 滟滟(yàn)：波光闪烁的样子。
③ 芳甸：遍生花草的原野。甸(diàn)，郊外之地。
④ 霰(xiàn)：细密的雪珠。形容月光照映下的花朵晶莹洁白。
⑤ 流霜：飞霜。古人以为霜和雪一样，是从空中落下来的，因此叫流霜。此处形容月光皎洁，月色朦胧、游荡，所以不觉得有霜霰飞扬。
⑥ 汀(tīng)：水中或水边平地，此指江畔沙滩。
⑦ 纤尘：微细的灰尘。
⑧ 月轮：指月亮，因为月圆时像车轮，所以称为月轮。
⑨ 望：一作"只"。

白云一片去悠悠①,青枫浦上不胜愁②。
谁家今夜扁舟子?何处相思明月楼③?
可怜楼上月徘徊④,应照离人妆镜台。
玉户帘中卷不去,捣衣砧上拂还来⑤。
此时相望不相闻⑥,愿逐月华流照君⑦。
鸿雁长飞光不度,鱼龙潜跃水成文⑧。
昨夜闲潭⑨梦落花,可怜春半不还家。
江水流春去欲尽,江潭落月复西斜。
斜月沉沉藏海雾,碣石潇湘无限路⑩。
不知乘月⑪几人归?落月摇情满江树⑫。

(选自《全唐诗》,中华书局1999年版)

---

① 白云:此喻指游子。去悠悠:形容白云缓缓飘荡。
② 青枫浦:一名双枫浦,故址在今湖南浏阳境内。浦,原指大江大河与其支流的交汇处,这里泛指遥远荒僻的水边。此处暗用《楚辞·招魂》"湛湛江水兮上有枫,目极千里兮伤春心"句意,隐含离别之意。不胜(shèng),禁不起,受不了。
③ "谁家"二句:在此月夜,有许多游子舟行江中,在外漂泊;也有许多思妇伫立楼头,思念丈夫。扁舟子:漂流在外的游子。扁(piān)舟,小舟。明月楼:月夜下的闺楼,此指闺中思妇。"谁家""何处",互文见义。
④ 徘徊:指月影缓缓移动的样子。曹植《七哀》诗:"明月照高楼,流光正徘徊。上有愁思妇,悲叹有余哀。"
⑤ "玉户"二句:意谓月光照在闺中门帘和捣衣砧上,卷不去,拂还来,思妇的离愁也如这月光一样,缠绵而无法排遣。玉户:装饰华美的门户。捣衣砧(zhēn):古代用来捶洗衣服的垫石或砧板。
⑥ 相闻:互通音信。
⑦ 逐:追随。月华:月光。
⑧ "鸿雁"二句:谓游子、思妇彼此之间难通音信。"鸿雁"与"鱼",取鱼雁传书之意。文,通"纹",波纹。
⑨ 闲潭:幽静的水潭。
⑩ "碣石"句:游子思妇分处天南地北,难以相见。碣石,山名,古址在今河北省。潇湘:水名,在今湖南省。潇,指湘江支流潇水。湘,指湘江。碣石潇湘,此处借指天南地北,暗指路途遥远,相聚无望。无限路:极言离人相距之远。
⑪ 乘月:趁着月光。
⑫ "落月"句:江边树林洒满了落月的余晖,轻轻摇曳,牵系着思妇的离情别绪。摇情:激荡情思。

作品导读

张若虚（约647—约730），扬州人。与诗人贺知章、张旭、包融齐名，号为"吴中四士"，其诗描写细腻，音节和谐，清丽开宕，富有情韵，在初唐诗风的转变中有重要地位。诗作仅存二首，收于《全唐诗》中，其中《春江花月夜》一首有"孤篇压倒全唐"之誉。

《春江花月夜》本是乐府旧题，最早见于陈朝。到了唐人张若虚手里，却一洗六朝宫体诗的浓脂腻粉，意境空灵澄静，语言自然隽永，韵律婉转悠扬，极具审美意蕴。

品读此诗，犹如展开一幅幽美邈远、如梦似幻的水墨长卷。开篇四句以广角摄入全景，意象旷远，继而由远及近，将视角转向江畔的花林——月色与水气，交映成了一幅光波流动、惝恍迷离的影像。惝恍中，诗人的目光不自觉地移至上空，江天一色，偌大的天地间竟只嵌着一轮孤月。这宁静寥廓的情景，让人难免生起一种宇宙苍茫的感叹："江畔何人初见月，江月何年初照人？人生代代无穷已，江月年年望相似。"人与江与月，是否只是在不断上映着似永恒又变幻的场景？

诗人由江月而生发出对宇宙人生的思索，又随着江水荡漾开去，转为对离别之情的慨叹："谁家今夜扁舟子？何处相思明月楼？""此时相望不相闻，愿逐月华流照君。"这一段先写"流光徘徊"，继而"闲梦落花"，再到"斜月沉沉"，笔致缠绵，将离别的情思写得柔婉似水。结句更将月光之情、游子之情、诗人之情交织成片，化为对远游者的共情与祝福"不知乘月几人归？落月摇情满江树。"留下一个光影交错、余韵邈远的画面。

此诗写于初唐，诗中虽抒写离愁别绪，却不激烈不愁苦，如同这个时代，带着青春的气息。它不是主题宏大的战争苦难、国仇家恨，也非后世诗词中常见的人生抱负、个人遭遇，它似乎只是寻常的游子之思，却因其由自然之大美而陡然生起的宇宙意识，以及超越个体情感的人类同理心而具有超越时空的意蕴。是的，它不滞于物，不黏乎情，因而便如闻一多先生在《宫体诗的自赎》里所评，"这里一番神秘而又亲切的，如梦境的晤谈，有的是强烈的宇宙意识，被宇宙意识升华过的纯洁的爱情，又由爱情辐射出来的同情心，这是诗中的诗，顶峰上的顶峰。……向前替宫体诗赎清了百年的罪，因此，向后也就和另一个顶峰陈子昂分工合作，清除了盛唐的路，——张若虚的功绩是无从估计的。"

知识链接

古典诗文中的月意象

在中国古诗词中,"月"是一个出现频率极高的审美意象,常被用以寄托诗人们的离别之思、思乡之愁、悠远心境和人生哲思。

早在《诗经·月出》篇中,便将明月与诗人紧密相连:"月出皎兮,佼人僚兮。"无论是"可怜楼上月徘徊,应照离人妆镜台",还是"海上生明月,天涯共此时。情人怨遥夜,竟夕起相思",都将明月的清辉与人的柔情交相辉映,生发出一缕缕绵绵不尽的离别之思。

除了离别之思,月也常常引发古人的思乡之愁:"举头望明月,低头思故乡""露从今夜白,月是故乡明"是家喻户晓、千古传诵的名句;而对于戍边的征夫而言,"大漠沙如雪,燕山月似钩",边地苍凉的月色,叠加幽怨的芦笛声,怎难不让"一夜征人尽望乡"?

当然,也有以月表现悠远的心境——"明月松间照,清泉石上流""山光忽西落,池月渐东上"。或者,又因月的神秘而生起的艺术联想:"小时不识月,呼作白玉盘。又疑瑶台镜,飞在青云端。""明月几时有,把酒问青天。不知天上宫阙,今夕是何年?"似在追溯起源,又似在感叹造化的巧妙。

一轮明月,亘古如斯。相比之下,人生则显得短暂而渺小。因此,少数诗人将思绪转向更深广的思考:"江畔何人初见月?江月何年初照人?人生代代无穷已,江月年年望相似。"在"今人不见古时月,今月曾经照古人"中,月是亘古不移的象征,是世事变迁的见证。而到了苏轼的"但愿人长久,千里共婵娟",更是突破个体的离别之情与生命思索,而上升为对人类的共情与祝福,显示出博大而充沛的精神境界。

思考探究

1. 有人认为,这首诗的情感基调是"哀而不伤",请谈谈你的感受和观点。
2. 说说你最喜欢的一首写月的诗词,分析当中所寄托的情感。

📱 **移动阅读**

❶《唐诗，就是一场太阳与月亮的战争》（王晓磊）：该文以"太阳与月亮的战争"这一角度切入，将唐代关于日意象与月意象的著名诗歌与代表诗人串联成文，以诙谐的文笔描绘出一幅唐代的"诗歌小史"，生动巧妙地展现出唐代诗歌的艺术风貌。

❷《唐诗小札》（刘逸生）：全书精选唐诗108首，选诗眼光独到，解诗深入浅出。篇篇小札生动形象，文笔优美，具有丰富的知识性、趣味性，读来余味无穷。本书于1961年出版，是一部具有开创意义的唐诗入门读物。几十年来，长盛不衰，影响了几代人对中国古典诗歌的认知。

> 崇尚自然、追求自然，是中华民族在历史长河中形成的具有民族特色的审美趣味。早在山水审美意识大觉醒的六朝，人们就开始意识到"芙蓉出水"的美远超于"镂金错彩"的美了。待到唐代，从李白"清水出芙蓉，天然去雕饰"的理论主张与艺术实践，到司空图对自然平淡美学风格的极力倡导，自然美在中华民族审美趣味中的重要地位愈发凸显。

与朱元思书①

[南北朝] 吴均

风烟俱净，天山共色。从流飘荡，任意东西。自富阳至桐庐②，一百许里③，奇山异水，天下独绝。水皆缥④碧，千丈见底；游鱼细石，直视无碍。急湍甚箭⑤，猛浪若奔。夹峰高山，皆生寒树⑥，负⑦势竞上，互相轩邈⑧，争高直指，千百成峰。泉水激石，泠泠⑨作响；好鸟相鸣，嘤嘤⑩成韵。蝉则千转不穷⑪，猿则百叫无绝。鸢飞戾天者望峰息心⑫，经纶世务者窥谷忘反⑬。横柯⑭上蔽，在昼犹昏；疏条⑮交映，有时见日。

（选自《四库全书》影印本《汉魏六朝百三家集》卷一〇一）

---

① 本篇写自富阳至桐庐沿途的山水景色。宋元思，原作"朱元思"。黎经诰《六朝文絜笺注》云："宋，一作朱，非。案宋元思，字玉山。刘峻有《与宋玉山元思书》。"
② 富阳、桐庐：富春江沿岸地名，均属浙江。
③ 一百许里：一百里左右。许，约计之语。
④ 缥（piāo）：淡青色。
⑤ 急湍（tuān）甚箭：急流比箭还快。湍，急流。
⑥ 寒树：耐寒长绿的树。
⑦ 负：依凭。
⑧ 互相轩邈：山与山互相争高。轩，高。邈，远。
⑨ 泠（líng）泠：形容流水击石的清脆声。
⑩ 嘤（yīng）嘤：鸟鸣声。
⑪ 千转不穷：久鸣不断。转，通"啭"。
⑫ 鸢（yuān）飞戾（lì）天者：喻追逐权位者。《诗经·大雅·旱麓》："鸢飞戾天，鱼跃于渊。"鸢，鹰类猛鸟。戾，至。息心：消除竞进之心。
⑬ 经纶世务者：指从政做官者。经纶，经营，处理。窥谷：看到山谷。
⑭ 柯：树枝。
⑮ 条：小枝。

作品导读

吴均（469—520），字叔庠，南朝梁文学家、史学家。他工于写景，尤以小品书札见长，诗亦清新，多为反映社会现实之作，诗文自成一格，意境高远而讲究兴寄，时人誉之为"吴均体"。

《与朱元思书》是一篇山水小品，是吴均写给好友朱元思（一作宋元思）信中的一个片段。文中以简洁而传神的文笔，描写富春江一带的山光水色，表现出一种清朗悠远的意境，使人读后悠然神往，如临其境。

文章开篇首先以简洁的笔触，轻轻描绘出一幅天高云淡的秋日胜景。在这样的时节，"从流飘荡，任意东西"，是多么无拘无束、轻松惬意。然后告诉友人，"自富阳至桐庐"这沿岸"奇山异水，天下独绝"，这两句是作者对此间山水的总体印象，也是全文的总括。

接着分承"异水"。先写晶莹清澈的静态美：这水仿佛透明似的，可以一眼见底，连那倏来忽去的游鱼，水底累累的细石，都可一览无余。继而写急湍猛浪的动态美：这水有时又迅猛奔腾，一泻千里，使人感到惊心动魄。寥寥几笔，便勾勒出富春江水的秀美与壮丽。

最后描摹"奇山"。先从形的角度，写山势之奇——"负势竞上""争高直指"，山本是静止的，在作者笔下却仿佛有了奋发向上的无穷生命力，不仅描绘出重峦叠嶂奇特的雄姿，也表现了观赏者荡涤心胸的奇趣。在描绘了山势的奇特之后，作者的目光又从整体转向局部：写林间百音交汇，泉吟、鸟唱、蝉鸣、猿啼，汇成一曲欢快的交响乐，这是音声上的奇；写树木繁茂，光影交错，虚实相生，这是视觉上的奇。这是群山生命的另一种表现，把幽美的山中世界表现得令人心驰神往，遐想联翩。

"山水含清晖，清晖能娱人"，山光水色带来了愉悦的美感体验，在这种美的体验中，追逐名利、沉沦俗务之心也会骤然停歇——"鸢飞戾天者望峰息心，经纶世务者窥谷忘反"一句，既表现了大自然对人类心灵的感染力，也表达了作者希望回归自然、远离名利的高洁之趣。

全文虽短，却章法有度而词采隽永，意境悠远且志趣高洁，是一篇难得的小品佳作，在当时以绮丽浮靡为主流的骈文中显得超凡脱俗，给读者以清拔高古的审美享受。

知识链接

山水文化与山水审美

南北朝名士陶弘景在《答谢中书书》中说："山川之美，古来共谈。"天地之间有大美，首推山水之美。我国古人对山水的感知很早，《诗经》中涉及山水的诗作已有可观的数量，表明上古时代人们已具有了山水审美意识。春秋时代，孔子提出"仁者乐山，智者乐水"，这种以山水比拟仁德、智慧的哲学思想对后世产生了深远的影响，成为中国传统文化中的君子比德精神。而庄子提倡"天地与我并生，万物与我齐一"，这种"物与神游""物我两忘"的超然境界，启发了后世对山水的自然审美与隐逸文化。

魏晋时期，战乱频仍，朝代更迭，朝不保夕的社会现实让人们升起强烈的生命意识。在玄学的影响下，士人们将目光从自身的痛苦转移到山水之间，不再局限在儒家的道德和标准中，而开始着眼自然之美、天地之宽、宇宙之大，于山水之中抒发郁闷之情，也在山水之中找寻内心的平静。

随着个体生命意识的觉醒、寄情山水之风尚以及文化的多元交织，山水的独有价值越发凸显。自然山水生机勃勃、流转变化的样貌，折现了宇宙万物的生命真意，不但满足了士人们的审美追求，也暗合士人的哲学思考。自然山水开始频繁出现在文人们的笔下，从文学的点缀、陪衬地位脱颖而出，成为独立的描写对象，山水诗、山水小品文自此蔚为大观。

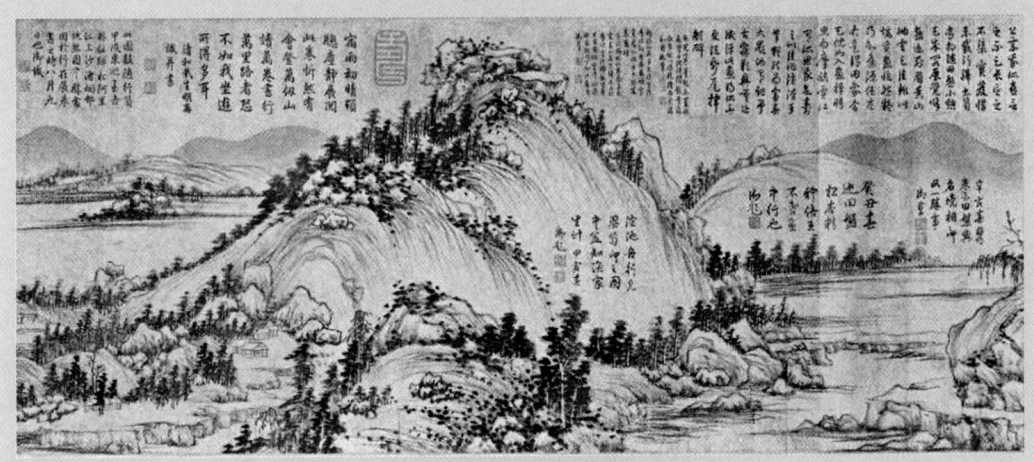

《富春山居图》［元］ 黄公望

思考探究

1. 文中是如何抓住"奇"和"异"二字来描写山和水的?
2. 文章在写出"鸢飞戾天者望峰息心,经纶世务者窥谷忘反"的感慨之后,为何不直接结束,而要以四句平淡的写景之句收尾?
3. 你是否有过为大自然的景色所震撼、心灵受到触动的体验?请描述与分享。

移动阅读

1. 《旨永神遥明小品》(吴承学):小品文是晚明文人心态真实而形象的写照,是古代文学传统主体的精彩补充。书中既道出这一文体的妙处,即在传统古文"文以载道"的轨辙之外另立一宗,以悠然自得的笔调,以漫话和絮语的形式体味人生;另外也有其弊端,即它在思想内涵和历史深度方面难以望传统古文之项背。该书是著名学者吴承学先生研读晚明小品文的札记随笔,全书文字绵密平实,颇具韵律,可让读者真实、全面地认识晚明小品。

2. 《大美中国》(纪录片):一部记录中国各地四季之美的微型纪录片,分为春、夏、秋、冬四个系列,每集5分钟。片中将镜头聚集于各地具有代表性的四季美景,从诗画江南,到北国雪景,不仅是一场视觉之旅,也是一场心灵之旅。

> "智者乐水，仁者乐山。智者动，仁者静。智者乐，仁者寿。"智者之乐，如同流水一般，阅尽世间万物、悠然、淡泊；仁者之乐，如同大山一样，屹然矗立、崇高、安宁。儒家认为，人的生命与大自然的生命是贯通的、协调的。以这种观念审视，自然界不再是被动的、死寂的，而是一个生机弥漫、生生不息的世界，是一个与人类心灵、命运息息相关的世界。

心灵的镜子

[日] 东山魁夷

夏季早晨的风是清爽的。脚下的草被夜露打湿了。城镇刚刚苏醒过来，眼底出现了一户户人家。对面是静寂的海，明朗而辽阔。

高高隆起的小丘，背后绵延着碧绿的山峦，西端沉落到了海里。那儿可以望到巨大的迷蒙的倒影。

东山魁夷画作

母亲和儿子站在山丘上。这个穿着蓝底白条纹和服的孩子，就是少年时代的我。每逢暑假，母亲常常领着多病而带有神经质的我，一大早就登上这座山丘。

被母亲叫起来，揉着惺忪的睡眼，勉强着来到这里。从山丘上望去，风光使得幼小的心灵充满了快乐，我感到浑身神清气爽。

幼小时候的记忆，随着年龄的增长，在心中涂上了一层色彩，到头来会弄得面目全非，而且还会随着场所和时间的变更而改变。但是两年前我到神户①时就不由想起了这个地方，便去看了看。如今，这里已经整顿成小公园的样子，从前那夏天的朝露濡湿足履的草丛没有了。但站在这里向四方眺望，看到的依然是藏在心中五十多年前的风景。

为什么这风景一直给我留下这般新鲜的映象呢？少年时代的我，虽然当时

---

① 神户：位于日本本州岛，著名的海港城市。地处六甲山国立公园和濑户内海之间，背山面海，自然环境优越，气候温暖，四季分明。

没有意识到这点，但不正是从这种风景里感受到母亲慈悲的心怀和生命的源泉吗？这风景对于我是不灭的。

我没有把自然当成人的对立面，这种感受，这种想法，在我幼小的心灵中早已萌生了，这是事实。初中三年级的时候，我的一幅风景画在校内展览会上展出过。画的是山中的小水池，周围环绕着碧绿的树木，画题叫《静》，这是在须磨山中荒无人烟的密林内制作的油画。同时，还画了一幅水彩，刀削般的灰色的断崖下面，一群人抬着棺柩向火葬场走去，他们看起来显得非常渺小。这是在学校的后山上亲眼看到的情景。这幅画谁也没给看过。

这两幅作品虽说幼稚，但都是我心象中的风景。尽管这两种风景迥然不同，却是自己内心的感受和外部世界相呼应而结成的映象。少年的我是一颗遭受侵蚀的青果，带着无法违拗的情绪，凝视着身心交瘁的病体；一方面又向包蕴着幸福的静谧的风景祈求救助。

这年，上学期过了一半就休学了。淡路岛志筑町村头有一所孤零零的小房子，我在那里一直住到暑假。在那个十分冷清的地方，让小孩子一个人待下去，一般的父母都会放心不下，何况我的父母对待孩子比别人更加娇惯。

可是，那里住着长年在我家帮工的佣人的娘家，她家一位独居的老母亲对我照顾得很周到。打初中一年级时候起，每年暑假我都要到她家住些日子。再说，我的父母很了解我的性格，一个人独处心情会更舒畅些。

这座房子靠近海，到了夜间，可以清楚听到奔涌的波涛，带着沉郁而甘美的情调，把我送进安谧的梦乡。我看不厌黎明和黄昏大海那雄奇的光芒和色彩，看不厌风和浪无休止地相互嬉戏的情景。自然和我，成天都在亲切地交谈着。

有时候，风激烈地叩打着挡雨窗，波涛冲击着海滩，高扬起银白的飞沫。这海边的风景永远留在我的记忆里，它亲昵地包裹着我，给我以安适。暑假结束了，我被太阳晒黑了，带着一副健康的神态，回到了双亲的身旁。

面临着濑户①内海的这片土地上的山、海和夏日的风景，毋宁说它是平凡的。但却是清澄的，显示着生命这一根本要素的存在，反映了人们心性的温馨和友善。当时，正向黑暗的谷底沉落的我，不知道如何对待自己。无疑，这风景对于我来说，不光是一种救助，而且直到后来，始终隐藏在我内心的深处，成为指引我的精神发展的一个要素。

少年时代快要过去了，我几度踌躇，才下定决心当画家，离开神户，考进了东京美术学校。一年级的夏天，我同两三个朋友沿木曾川徒步野游。我们穿过一些村庄，登上了御岳，过了十几天的旅行生活。我平生第一次看到了山国

---

① 濑户：日本本州中南部的一个城市，属爱知县。濑户内海是日本最大的内海，它介于本州、九州、四国三岛之间。

的景象。神户是个明净的海港城市，我在濑户内海优美的环境中住惯了，山国严峻的自然风貌和居住在这地方的人们使我受到了强烈的震动。下面是当时日记中的一段：

经过麻生这个地方，天黑了。在寻找露营场所的时候，下起大雨来。从地图上看，木曾川就在近旁，因为走的是山路，离这条河还相当远。雨越下越大，闪电仿佛要撕裂杉树林。雷震荡着空气，在头顶上隆隆地滚动。我们浑身透湿，顺着瀑布流泻的山路返回麻生。

进入一户农家，说明了情由，请求借宿一夜，哪怕睡在门内的泥地上也好。家里只有一个矮小的老婆子，她热情地接待了我们。坚固的木造天花板，黑油油的柱子。老婆子把大家让到屋内，忙着张罗茶水。儿子说今晚要到附近的一个地方去，为迎接什么节日练习吹笛子。这当儿，不知不觉雨早止了。

老婆子说，这地方没有什么名胜，刚建成一座公园。她说着就带我们出去了。这是个美丽的月夜，说起这个公园，却也很简单，在附近的水力发电站旁，只种植了少许的樱树。可老婆子倒是一副颇为自豪的样子。

诚然，这明月下的山峡的景观，比起任何城市的公园来都令人叫好。夜气澄澈，风儿带着寒意。回来倒在床上，微微传来迎接节日的锣鼓声。

此后，我们又经历了不少事情。沿着木曾路登上了御岳。到达八段坡，风雨转强，宿于石室内，翌日晨，登剑峰，大雾翻卷，一片空漠的灰色的世界。

这次所获得的感受，为我开辟了后来走向山国、连接北方世界的道路。深雪封锁的漫天的冬天。贫瘠的土地，严酷的气候风土，坚忍生活着的人和树木。那里产生的庄重的精神，朴素的人情。

刚刚踏入艺术世界的我，确确实实切身感受到了这条道路的艰险。此外，父亲经商的失败，使得当时的我预感到将来学业上的多艰。我要寻求一种强大的精神支柱，它应有别于母性的阴柔的情怀。山国的风景正象征着我心中的愿望和祈求。直到现在，这种风景一直是指导我的精神历程的重大要素。

风景是什么？我们所认识的风景是通过每人的观察并感知于心灵的东西。因此，从严格的意义上讲，可以说每个人心中的风景都不一样。但是，既然人们的心是相通的，那么我的风景也可能成为我们的风景。我是画家，为了在心灵里深深感受着风景，我永远只能开掘我自身的风景观。然而，画家会有特殊的风景观吗？我是画家，但我首先是人。

少年时代和青年时代人生的远游，作为一个画家的起点，深深铭刻于心间。这两个重大的要素成为我人生道路的精神基盘。我把它看成是风景的象征。这种精神基盘包含着和风景的紧密联系。我想，这不光是我一个人的体验。

我坚信，人的内心没有感情的激动就不可能把风景看成是美的。风景，可以说是人的心灵的祈望。我愿描绘清澄的风景，被污染、被践踏的风景不能拯救人的心灵。风景是心灵的镜子。一座庭院最鲜明地代表着居住在这里的人家的心灵。住在山林或田园的人们，他们的心灵也被反映出来了。河流和海洋也是一样。可以说，一个国家的风景就象征着这个国家国民的心灵。

日本的山川、海洋、原野显得多么荒寂。那些竞相把核爆炸的灰尘撒向大气中的国家，又是在干着何等无谋的蠢事！人们现在处于病态之中，那座白色悬崖前送葬的队列，不是少年时代的我自己的幻想，也许正是现在人类的真实的写照。

我们应当使大地母亲永葆洁净，因为她是生命的源泉，必须有一颗能和自然协调生活的心。在人工的乐园里，存不住生命的光华。不管你愿意不愿意，现在都应当深切地认识到这样一个问题：我们的风景紧密关联着我们人类的生存啊！

（选自《东山魁夷散文选》，百花文艺出版社1989年版）

作品导读

东山魁夷（1908—1999），日本著名的画家和散文家。他的散文意境澄澈清明，行文质朴简洁，蕴含着深邃的人生感悟。他曾攻读哲学，并善用散文表达画作的诗意与哲理，被誉为"文中有画，画中有诗，诗中还有哲学"。东山魁夷倾心大自然——尤其是海与山的美，选文所叙述的两次少年时的游历，正是这一审美思想的源头，也成就了作者人生道路上的精神基调。

东山魁夷画作

少年时代，作者曾遭受情绪与疾病的"侵蚀"，而他在濑户内海边休养、独居时所见到的这片土地上的风景，平凡而澄澈，柔和而阔大，"显示着生命这一根本要素的存在，也反映了人们心性的温馨和友善"，让他感受到了如同母性的敦厚宽容，给予他年少的心灵一种救助和指引。

青年时代一次沿着木曾川的游历，让作者看到了山国的坚忍、庄重、素朴，也为他的人生探索带来了全新的体验。彼时父亲经商失败，他预感学业的多艰，亟须寻求生活中的精神支柱，而山国风景与人们心性的阳刚坚毅，为他带来了启示。

濑户内海明净的自然环境和木曾川周边山国严峻的自然风貌共同成就了东山魁夷。而后他一生远游，行踪四海，越和风景相融，内心越是博大丰盈。因此，作者坚信，自然风景是"心灵的镜子"，也象征着一个国家国民的心灵。

在叙述少年时代、青年时代所见的风景及其自己性格与人生的影响后，作者笔锋一转，将视野投向现在被人为破坏的风景。作者认为，与青少年时代所看到赏心悦目的风景相比，现代被污染、被践踏的风景无法拯救人类的心灵；而人们在污染、践踏大自然的时候，其实也在污染、践踏自己的灵魂。在人类文明的进程中，工业文明在带给人们日益富庶的物质生活的同时，也对人类赖以生存的自然环境造成了破坏，全球生态问题日益突出。东山魁夷以自己的生命历程与人生体悟，提供了一种东方式的哲思与智慧，发人深省。

知识链接

天人合一

一般来说，西方文化在天人关系问题上所持的是一种"主客二分""天人对立"的思维方式，而"天人合一""天人一体"可以说是中国传统文化的基本特点。"天人合一"与"主客二分"可以说是中国文化与西方文化的主要区别之一，这种区别决定了中西文化不同的性格及发展走向。天人合一是一种整体系统思考问题的方式，这种方式把人类与自然环境看作是一个大化流行、生生不息、一气贯通的生命整体，这是中国文化观察问题、思考问题的出发点和落脚点。

在儒家看来，作为自然之"天"有其恒常不变的秩序和运行规律。孔子认为，"天何言哉？四时行焉，百物生焉"。所要表达的是：自然界的万事万物有其固有的运行规律，这种规律是客观存在的，是可以被我们人类所认识的。只有严格按照自然规律办事，才能够做到趋利避害；违背了自然规律，就会遭到大自然的惩罚。儒家文化认为，人与自然万物是生生不息的生命整体，人与天是相通的、不可分离的。这种天人和谐一体的思想，体现了古人高度的思想智慧，也为我们今天生态文明建设提供了宝贵的精神财富。

思考探究

❶ 少年时期的远游与青年时期的远游，作者看到的风景有何不同？对他有什么深远的影响？

❷ 作者认为，"每个人心中的风景都不一样"，"风景是心灵的镜子"，"我们的风景紧密关联着我们人类的生存"，请结合文章，谈谈你的理解。

移动阅读

❶《花月我》（又译《一片树叶》，东山魁夷）：一篇富含哲理的散文佳作，作者通过对自然界花月树木的描写，创造出一幅清幽空灵的"画境"——圆山观月看花，亭前凝望枝头。全文以一种诚挚、真切、直截了当的方式娓娓道来，充满了作者对于自然和生命的激情，折射出他积极乐观的人生态度。

《花月我》

❷《宁静的世界》（纪录片）：一部关于大自然的治愈系纪录片，每一集讲述不同主题、风景、现象，通过展示自然界的美丽与宁静，带领观众感受大自然的魅力，寻找内心的平静与安宁。该片画面精美，配乐舒缓，有助身心的放松。

古往今来，荷一直为中国文人所欣赏，常常出现在诗文中，还被誉为"花中君子"，象征着清雅高洁。而在季羡林的笔下，我们却看到了荷的另一种风貌——它不仅出淤泥而不染，更是有着极为顽强的生命力，让人不禁感叹生命之坚韧不拔、自然之伟大。

清塘荷韵

季羡林

楼前有清塘数亩。记得三十多年前初搬来时，池塘里好像是有荷花的，我的记忆里还残留着一些绿叶红花的碎影。后来时移事迁，岁月流逝，池塘里却变得"半亩方塘一鉴开，天光云影共徘徊"，再也不见什么荷花了。

我脑袋里保留的旧的思想意识颇多，每一次望到空荡荡的池塘，总觉得好像缺点什么。这不符合我的审美观念。有池塘就应当有点绿的东西，哪怕是芦苇呢，也比什么都没有强。最好的、最理想的当然是荷花。中国旧的诗文中，描写荷花的简直是太多太多了。周敦颐的《爱莲说》读书人不知道的恐怕是绝无仅有的。他那一句有名的"香远益清"是脍炙人口的。几乎可以说，中国人没有不爱荷花的。可我们楼前池塘中独独缺少荷花。每次看到或想到，总觉得是一块心病。

有人从湖北来，带来了洪湖的几颗莲子，外壳呈黑色，极硬。据说，如果埋在淤泥中，能够千年不烂。因此，我用铁锤在莲子上砸开了一条缝，让莲芽能够破壳而出，不至永远埋在泥中。这都是一些主观的愿望，莲芽能不能长出，都是极大的未知数。反正我总算是尽了人事，把五六颗敲破的莲子投入池塘中，下面就是听天由命了。

这样一来，我每天就多了一件工作：到池塘边上去看上几次。心里总是希望，忽然有一天，"小荷才露尖尖角"，有翠绿的莲叶长出水面。可是，事与愿违，投下去的第一年，一直到秋凉落叶，水面上也没有出现什么东西。经过了寂寞的冬天，到了第二年，春水盈塘，绿柳垂丝，一片旖旎的风光。可是，我翘盼的水面上却仍然没有露出什么荷叶。此时我已经完全灰了心，以为那几颗湖北带来的硬壳莲子，由于无法解释的原因，大概不会再有长出荷花的希望了。我的目光无法把荷叶从淤泥中吸出。

但是，到了第三年，却忽然出了奇迹。有一天，我忽然发现，在我投莲子的地方长出了几个圆圆的绿叶，虽然颜色极惹人喜爱，但是却细弱单薄，可怜兮兮地平卧在水面上，像水浮莲的叶子一样。而且最初只长出了五六个叶片。我总嫌这有点太少，总希望多长出几片来。于是，我盼星星，盼月亮，天天到池塘边上去观望。有校外的农民来捞水草，我总请求他们手下留情，不要碰断叶片。但是经过了漫漫的长夏，凄清的秋天又降临人间，池塘里浮动的仍然只是孤零零的那五六个叶片。对我来说，这又是一个虽微有希望但究竟仍是令人灰心的一年。

真正的奇迹出现在第四年上。严冬一过，池塘里又溢满了春水。到了一般荷花长叶的时候，在去年飘浮着五六个叶片的地方，一夜之间，突然长出了一大片绿叶，而且看来荷花在严冬的冰下并没有停止行动，因为在离开原有五六个叶片的那块基地比较远的池塘中心，也长出了叶片。叶片扩张的速度、范围的扩大，都是惊人的快。几天之内，池塘内不小一部分，已经全为绿叶所覆盖。而且原来平卧在水面上的像是水浮莲一样的叶片，不知道是从哪里积蓄了力量，有一些竟然跃出了水面，长成了亭亭的荷叶。原来我心中还迟迟疑疑，怕池中长的是水浮莲，而不是真正的荷花。这样一来，我心中的疑云一扫而光：池塘中生长得真正是洪湖莲花的子孙了。我心中狂喜，这几年总算是没有白等。

天地萌生万物，对包括人在内的动植物等有生命的东西，总是赋予一种极其惊人的求生存的力量和极其惊人的扩展蔓延的力量，这种力量大到无法抗御。只要你肯费力来观察一下，就必然会承认这一点。现在摆在我面前的就是我楼前池塘里的荷花。自从几个勇敢的叶片跃出水面以后，许多叶片接踵而至。一夜之间，就出来了几十枝，而且迅速地扩散、蔓延。不到十几天的工夫，荷叶已经蔓延得遮蔽了半个池塘。从我撒种的地方出发，向东西南北四面扩展。我无法知道，荷花是怎样在深水中淤泥里走动的。反正从露出水面荷叶来看，每天至少要走半尺的距离，才能形成眼前这个局面。

光长荷叶，当然是不能满足的。荷花接踵而至，而且据了解荷花的行家说，我门前池塘里的荷花，同燕园其他池塘里的，都不一样。其他地方的荷花，颜色浅红；而我这里的荷花，不但红色浓，而且花瓣多，每一朵花能开出十六个复瓣，看上去当然

就与众不同了。这些红艳耀目的荷花,高高地凌驾于莲叶之上,迎风弄姿,似乎在睥睨一切。幼时读旧诗:"毕竟西湖六月中,风光不与四时同。接天莲叶无穷碧,映日荷花别样红。"爱其诗句之美,深恨没有能亲自到杭州西湖去欣赏一番。现在我门前池塘中呈现的就是那一派西湖景象。是我把西湖从杭州搬到燕园里来了。岂不大快人意也哉!前几年才搬到朗润园来的周一良先生赐名为"季荷"。我觉得很有趣,又非常感激。难道我这个人将以荷而传吗?

前年和去年,每当夏月塘荷盛开时,我每天至少有几次徘徊在塘边,坐在石头上,静静地吸吮荷花和荷叶的清香。"蝉噪林愈静,鸟鸣山更幽。"我确实觉得四周静得很。我在一片寂静中,默默地坐在那里,水面上看到的是荷花的绿肥、红肥。倒影映入水中,风乍起,一片莲瓣堕入水中,它从上面向下落,水中的倒影却是从下边向上落,最后一接触到水面,二者合为一,像小船似的漂在那里。我曾在某一本诗话上读到两句诗:"池花对影落,沙鸟带声飞。"作者深惜第二句对仗不工。这也难怪,像"池花对影落"这样的境界究竟有几个人能参悟透呢?

晚上,我们一家人也常常坐在塘边石头上纳凉。有一夜,天空中的月亮又明又亮,把一片银光洒在荷花上。我忽听扑通一声。是我的小白波斯猫毛毛扑入水中,她大概是认为水中有白玉盘,想扑上去抓住。她一入水,大概就觉得不对头,连忙矫捷地回到岸上,把月亮的倒影打得支离破碎,好久才恢复了原形。

今年夏天,天气异常闷热,而荷花则开得特欢。绿盖擎天,红花映日,把一个不算小的池塘塞得满而又满,几乎连水面都看不到了。一个喜爱荷花的邻居,天天兴致勃勃地数荷花的朵数。今天告诉我,有四五百朵;明天又告诉我,有六七百朵。但是,我虽然知道他为人细致,却不相信他真能数出确切的数目。在荷叶底下、石头缝里、旮旮旯旯,不知还隐藏着多少菁菁儿,都是在岸边难以看到的。粗略估计,今年大概开了将近一千朵。真可以算是洋洋大观了。

连日来,天气突然变寒。池塘里的荷叶虽然仍是绿油油的一片,但是看来变成残荷之日也不会太远了。再过一两个月,池水一结冰,连残荷也将消逝得无影无踪。那时荷花大概会在冰下冬眠,做着春天的梦。它们的梦一定能够圆的。"冬天如果来了,春天还会远吗?"

我为我的"季荷"祝福。

1997年9月16日中秋节
(选自《清塘荷韵》,江苏文艺出版社2004年版)

作品导读

这篇《清塘荷韵》是季羡林老人于86岁高龄时写就的一篇叙事散文，它脱尽浮华，将一件日常小事娓娓道来，在平易朴素的叙述中蕴含着饱谙世事的哲理，读之令人动容。

文章开头讲述了作者对于门前池塘的心理活动，此是下文"种荷"的缘起。有一日，友人捎来莲子，作者细心将其种下，于是开始了"盼荷"的日子。

莲子并没有如期成长，而是在作者的日日盼望中，在荒芜的湖面下，在阴暗的泥沼中，静卧了两年。第三年，奇迹终于出现了，水面上露出五六片圆圆的绿叶——虽"细弱单薄""可怜兮兮"，却足以使作者得到一丝慰藉。令人意想不到的是，这几片孱弱可怜的荷叶，在经历了漫长的寂寞后，竟然完成了生命的涅槃——第四年时，叶片以惊人的速度扩张、成长，还开出了红艳耀目的荷花。

花既已开，作者每天数次徜徉于湖畔，默坐静观——既赏荷之耀眼美好："这些红艳耀目的荷花，高高地凌驾于莲叶之上，迎风弄姿，似乎在睥睨一切。"这是对蓬勃生命力的赞叹。更赏荷之寂静安宁："倒影映入水中，风乍起，一片莲瓣堕入水中。"这是心灵与自然的交融。即使变成残荷，作者仍然对它寄寓了美好的祝福："那时荷花大概会在冰下冬眠，做着春天的梦。它们的梦一定能够圆的。"

季羡林
（1911—2009）

季羡林，国际著名东方学大师、语言学家、文学家、国学家、佛学家、史学家、教育家和社会活动家，与饶宗颐先生并称为"南饶北季"。季羡林先生精通12国语言，研究领域十分广泛，可谓"梵学、佛学、吐火罗文研究并举，中国文学、比较文学、文艺理论研究齐飞"，其著作被汇编成《季羡林文集》。

全文写荷，却又何尝不是作者坚忍乐观的人生之写照？荷，曾饱尝成长的艰辛，也曾感受生命的快乐，而面对生命的消逝时，却依然平静洒脱。在文中，荷花是彻悟生命的智者，也象征着季老豁达超然、充实丰厚的人生境界。如果说周敦颐笔下的荷花是品行端正、不与世俗同流合污的君子，朱自清笔下的荷花是抚慰心灵的舞者，那么，季老笔下的荷花则应该是张扬生命的强者，也是彻悟生命的智者。

知识链接

荷花定律与竹子定律

在一个荷花池中,第一天开放的荷花只是很少的一部分,第二天,它们开放的数量会是第一天的两倍。之后的每一天,荷花都会以前一天两倍的数量开放……假设到第30天荷花开满了整个池塘,那么在第几天池塘中的荷花开了一半?很多人都会认为是第15天。事实上,直到第29天,荷花仅开了一半。而最后一天的速度最快,等于前29天的总和。这就是著名的荷花定律,也叫30天定律。荷花定律想要表达的是成功学的一个原理:越到最后,越关键。拼到最后,拼的不是运气和聪明,而是毅力。

类似的原理还有竹子定律:竹子用4年时间生长,竹芽只能长3厘米,而且这3厘米还是深埋于土下。到了第5年,竹子终于能破土而出,以每天30厘米的速度疯长,仅用半个月时间就能长到15米。原来,竹子在前4年时间,将大部分能量用在"扎根"这件事上,它将根茎深入到土壤里,接触到的面积有延绵数百平方米,所以能够广吸水分和营养物质,为第5年的"野蛮生长"提供基础。

思考探究

❶ 作者在种下荷花种子的第四年才等到它真正的生长,不由得发出"天地萌生万物,对包括人在内的动植物等有生命的东西,总是赋予一种极其惊人的求生存的力量和极其惊人的扩展蔓延的力量,这种力量大到无法抗御"的感叹。请结合生活经验,谈谈你的理解。

❷ 文中描写的荷花象征着什么精神?

移动阅读

❶《季羡林谈人生》(季羡林):书中收录了季老40余篇人生哲思散文集,涵盖了季老关于人生的意义与价值、缘分与命运、做人与处世、现实与压力,乃至婚恋与家庭等方面的智慧与感悟。

❷《影响世界的中国植物》(纪录片):一部植物类纪录片,共10集,分为《植物天堂》《茶树》《桑树》《水稻》《大豆》《本草》《竹子》《水果》《园林》《花卉》,呈现了21科28种植物的生命旅程,并讲述了它们影响世界的故事。

实践活动

每个地方都有自己独特的风景,以及独特的人文风情。可不管见过再多的风景,家乡的景色却总是最浓重的一抹色彩,因为它承载着我们成长的印迹。

请以小组为单位,展开一次以"家乡风光"为主题的短视频制作任务。

❶ 成立项目组,并进行摄影、文案撰写、后期剪辑等职责分工。

❷ 进行短视频的拍摄与制作。

❸ 展示作品。

通过活动中,我们可以更深刻地感受家乡的美,并借助新媒体去传播家乡的美。

七 职场思辨

单元导读

有人说，人的一生，是一连串决定交织而成的过程。要实现生命的价值，需要选对舞台，尽情挥洒才华，走出自己的路。对于当代大学生来说，职业是我们实现梦想的途径，也是我们获得成就感的源泉。在选择专业、求职就业的这些关键时刻，我们应当认真地权衡，选择最适合我们的职业。

什么是最理想的职业？是轻松体面的岗位，还是报酬可观的工作？当我们读过袁隆平院士的回忆文章，会发现，梦想与热爱，能让普通而辛苦的工作也变成伟大的事业。

在选择职业时，需要考虑哪些因素？少年时代的马克思，便深入地思考过这个问题，并在毕业论文中阐述了他的观点。读罢我们会发现，内心的热爱、个人的能力、家庭的条件、职业的意义，这些要素并没有因为时间或地域的变化而有所不同。

如何对工作保持热忱？梁启超的趣味主义或许会让我们有所启发；如何在事业中获得财富？读读著名的《史记·货殖列传》，前人的选择与智慧或许会让我们豁然开朗。

愿这些文章中的人生经验与生命智慧，能够陪伴我们走过择业就业的迷惘期，走进拨云见日的人生新阶段。

> 杨绛先生曾言:"简朴的生活,高贵的灵魂,是人生的至高境界。"袁隆平院士的一生,可以说是这句话的最佳诠释。究竟,是什么力量,让袁老放弃安逸的职业规划,而选择走上艰辛的学农之路?又是什么力量,让袁老放弃安享晚年,而选择坚持在科研的一线?当我们读罢此文,会感受到袁老的拳拳之心——那是因为,他有着对苦难的悲悯与对幸福的守望,这悲悯,化为了一生坚守的初心与梦想,化为了为国为民的责任与担当。

我的两个梦

袁隆平

时光如白驹过隙,一转眼,90年过去,我成了正儿八经的"90后"。我大半辈子都在与水稻打交道,至今从事杂交水稻研究工作已有55个年头。我最关心的,就是与水稻和粮食相关的事。

新中国成立之前,中华大地上到处灾荒战乱,人民生活颠沛流离,少年时我就被迫从一个城市辗转到另一个城市,虽然少不更事,但每当看到沿路举家逃难、面如菜色的同胞,看到荒芜的田野和满目疮痍的土地,我的内心总会泛起一阵阵痛楚。报考大学时,我就对父母说,我要学农。母亲听了,吓一跳,说,傻孩子,学农多苦啊,你以为好玩儿呢?但我是真正爱上了农业,死活要学,还摆出大道理:吃饭可是天下第一桩大事,没有饭吃,人类怎么生存?最后,父母尊重我的选择。

毕业后,我被分配到湖南安江农校任教。安江农校地处偏远,临行前,学校的领导告诉我,那里很偏僻,"一盏孤灯照终身",你可要做好思想准备。当时我想,能传播农业科学知识,也是为国家做贡献!没想到,去了不久,就碰上困难时期。我当时想,这么大一个国家,如果粮食安全得不到保障,其他一切都无从谈起,我要为让中国人吃饱饭而奋斗!

一天,我看到一些农民从高山上兑了种子,担回来种,就问他们,为什么跑到那么高的山上去换种呢?他们说,山上的种子质量好一些,产得多些。他们接着还说了一句话,叫作"施肥不如勤换种"。这对我有很大启发:农业上增产的途径有很多,但其中良种是非常重要的因素。

从此以后,我开始自己的杂交水稻研究之路。一路走来,有汗水和辛酸,也有丰收和喜悦。科学探索无止境,在这条漫长而又艰辛的路上,我一直有两个梦,一个是禾下乘凉梦,一个是杂交水稻覆盖全球梦。

禾下乘凉梦,我是真做过,我梦见水稻长得有高粱那么高,穗子像扫把那么长,颗粒像花生那么大,而我则和助手坐在稻穗下面乘凉。其实我这个梦想的实质,就是水稻高产梦,让人们吃上更多的米饭,永远都不用再饿肚子。

做梦容易,但要把梦变成现实,则需要付出大量艰苦的劳动和努力。我清楚地记得,那是1961年7月的一天,我到安江农校的试验田选种。突然,我发现了一株"鹤立鸡群"的稻株。穗大,颗粒饱满。我随手挑了一穗,竟有230粒之多!当时以为,选到了优良品种,岂不是可以增产无数粮食?

第二年春天,我把种子播下,结果却令人大失所望,一眼望去,高的高,矮的矮,没有一株赶得上最初的那株水稻。我不甘心,开始反复琢磨其中的奥秘,研究那一片试验田的稻株比例,最终得出一个结论:水稻是有杂交优势的,那株鹤立鸡群的水稻,就是天然的杂交水稻。既然天然杂交稻具有这样强的优势,那么人工杂交稻,也一定有优势。当时,遗传学理论一直否定自花授粉作物有杂交优势。我对此理论提出质疑。随后,我又拜访专家,翻找资料,最终得出结论,既然自然界存在杂交稻,那么人工杂交水稻也一定可以利用。而要想利用这一优势,首先需要找到"天然的雄性不育水稻"。

于是,我又走上曲折的寻找之旅。

其中,最令人刻骨铭心的是,在海南岛找到天然雄性不育野生稻"野败"并加以利用的过程。那是1970年11月,我和助手李必湖、尹华奇驻守在海南岛崖县南红农场,在当地寻找野生稻。在那里,有一位农专毕业的冯克珊,是南红良种繁育场的技术员,经常跑来听我讲课。冯克珊联想到农场附近有一种名叫"假禾"的草,很可能就是我要找的野生稻。

11月23日,他找到李必湖,来到南红农场铁路涵洞附近的水塘边,到那片正在开花的野生稻中察看。他们发现了三个雄花异常的野生稻穗,野生稻穗的花药细瘦,色浅呈水渍状,不开裂散粉。这三个稻穗生长于同一禾蔸,是从一粒种子长出、匍匐于水面的分蘖。他们立即把这蔸野生稻连泥挖起,放在铁桶里拉回去,然后移栽到试验田里,等待鉴定。

当时,我正在北京开会,收到助手们从海南发来的电报,连夜赶火车奔回海南岛。经过仔细检验，我们最终确认这是一株十分难得的天然雄性不育株野生稻，我给它命名为"野败"。

这真是大海捞针啊！

"野败"的发现对杂交水稻研究具有里程碑的意义，更是杂交水稻"三系"配套成功的突破口。1973年，我们协作组历尽千辛万苦才通过测交找到恢复系，攻克"三系"配套难关，才有了新中国第一代杂交水稻。第一代以细胞质雄性不育系为遗传工具的杂交水稻，优点是不育系不育性稳定，但也有缺点，即配组的时候受到恢保关系制约，因此选择优良组合的概率比较低，难度大。

自20世纪80年代中后期起，我们开始研究两系杂交水稻。1995年，第二代以光温敏不育系为遗传工具的杂交水稻——两系法杂交稻研制成功，它的主要优点是配组自由选择，能选配到优良稻组合的概率比较高。但是，第二代杂交稻也不是完美的：不育系育性受气温和光照影响较大。我想，如果有一种杂交水稻，既兼具第一代和第二代的优点，又能克服二者的缺点，那该多好啊！

2011年，我们又启动第三代杂交水稻育种技术的研究与利用，这是以遗传工程雄性不育系为遗传工具的杂交水稻，已初步研究成功，该杂交水稻克服了前两代的缺点。现在，我们甚至开始了第四代、第五代杂交水稻的研制。

追求高产更高产，是我们永恒的目标。自20世纪90年代中后期起，我们开始超级杂交稻攻关，分别于2000年、2004年、2011年、2014年实现大面积示范亩产700公斤、800公斤、900公斤、1000公斤目标。近5年又突破每公顷16吨、17吨的目标。2017年，世界水稻平均每公顷产量仅4.61吨，而我国杂交水稻平均产量每公顷达7.5吨，在世界上遥遥领先。

不可否认，20世纪我们的主要任务是解决人民群众的温饱问题，所以杂交水稻把产量摆在优先地位。现在生活水平提高了，人民不仅要吃饱，还要吃好。所以，我们也改变思路，提出既要高产，又要优质。但是必须说清楚，虽然要满足市场对优质大米的需求，但我们仍然坚持一条，即不能以牺牲产量来求优质。我始终觉得，粮食安全问题必须时刻警惕。历史也无数次告诫我们，把饭碗牢牢端在自己手中的最有效途径，就是提高水稻的产量。

科学探索永无止境，我的另一个梦，就是杂交水稻走向世界、覆盖全球梦。

世界上超过一半人口以稻米为主食，一个令人担忧的事实却是，全球现有1.6亿公顷稻田中，杂交水稻种植面积还不到15%。发展杂交水稻不仅有广阔的舞台，更对保障世界粮食安全具有重要意义，倘若全球有一半稻田种上杂交稻，按每公顷比常规水稻增产2吨计算，则增产的粮食可以多养活4亿~5亿人口。杂交水稻覆盖全球不仅能提升全球水稻产量，造福人类，还能提升我国的国际地位。

为了实现这个梦，我们一直在努力。从20世纪80年代至今，我们坚持开办杂交水稻技术国际培训班，为80多个发展中国家培训了14000多名杂交水稻技术人才，我还受邀担任联合国粮农组织首席顾问，帮助其他国家发展杂交水稻。目前，杂交水稻已在印度、越南、菲律宾、孟加拉国、巴基斯坦、印度尼西亚、美国、巴西等国实现大面积种植。今年6月，在长沙举行的中非经贸博览会上，来了不少非洲国家农业界的朋友，看到他们对杂交水稻充满感激和期待，更坚定了我们将杂交水稻推向世界的信心与决心。

新中国杂交水稻事业能够取得丰硕成果，离不开党和国家的高度重视与大力支持，同时也是广大科技工作者集体智慧的结晶。我已经90岁了，但"老骥伏枥，志在千里"，我要力争让我们的团队早日完成每公顷18吨的高产攻关，做好第三代杂交水稻技术的生产应用。我希望最终能实现"禾下乘凉、覆盖全球"的两大心愿。

（原文刊于《人民日报》2019年10月23日第20版）

作品导读

1930年9月1日，一个小生命降生在北平协和医院的产房里。童年时，母亲在他的心中播下了一颗美好的种子。长大以后，他执着于儿时的一个追求，梦想用一粒种子改变世界。多年以后，他用一粒种子，让数以亿万计的人们拥有维持生命的基本条件——填饱肚子。面对"谁来养活中国"的疑问，他给出了坚定的答案。后来，他被誉为"杂交水稻之父"，为世界所瞩目，他却说自己只是一个爱做梦的农民。他，就是享誉海内外的著名农业科学家袁隆平。

本文是袁老在90岁高龄时所写的一篇文章，文笔朴实却满怀真情，将青年时期为何选择学农、如何实现自己的梦想，以及一生坚持科学探索的历程娓娓道来，对于青年学子有多方面的启示意义。

第一，心怀梦想——职业选择的启示。袁老在青少年时期，十分多才多艺，热爱艺术、运动，还差点当上空军飞行员。然而，在报考大学时，他却坚定地选择了学农。回顾当年自己的选择，是因为在那个灾荒战乱、颠沛流离的岁月中，一颗怜悯贫苦的初心不断发酵、生长，最终孵化出自己心底真正热爱并愿意为之奉献毕生的事业——学农，让大家都能吃饱饭！这是一个伟大但又极其朴素的梦想，也体现了袁老务实的性格。他清楚地知道这是一条艰苦的道路，但还是义无反顾地选择。毕业后，他服从分配，从大城市来到湖南安江，这一待，就是一辈子。可也是在这个偏远的小乡村，他成就了毕生的事业，也造福了全人类。

第二，实现梦想——思维品质的启示。选择了热爱的专业，只是实现梦想的第一步。把梦想变成现实，不仅需要付出艰苦的劳动，更需要思维上的突破。

在与农民交流时，一句"施肥不如勤换种"启发了袁隆平的思考，由此着力于"良种"的方向，这启发我们：生活经验是智慧的源泉。

在偶然发现"良种"却没有种植成功时，袁隆平反复思考，最终得出稻种的"杂交优势"，从此瞄准"杂交水稻"的研究，这启发我们：观察思考、勤学好问，能助力经验的积累和方向的选择。

为了寻找科研的关键突破点，袁隆平和团队进行了大海捞针式的寻找之旅，终于功夫不负有心人，找到了一株"天然的雄性不育水稻"。这启发我们：面对问题时需要理清思路、找到关键突破口，脚踏实地将问题一件一件解决，才能不断前行。

籼型杂交水稻"三系"配套成功却"增草不增谷"，在长期的艰苦与努力遭遇外界的质疑与否定时，袁隆平仍然义无反顾地继续他的研究。这启发我们：实现梦想并非易事，需要一种永不言败、永不放弃的毅力和韧性。

第三，不忘初心——人生道路的启示。在解决人民的温饱问题、实现"禾下乘凉梦"之后，袁老并没有停歇，而是继续致力于优质优产的研究，为实现"覆盖全球梦"而奋战在一线。袁老曾说过，"电脑里长不出水稻，书本里也长不出水稻，要种出好水稻必须下田"。"我不在家，就在试验田；不在试验田，就在去试验田的路上。"直到去世前，他一直亲力亲为，长期"泡"在云南、海南等地的实验田里，即使腿脚不方便，他也要到田埂上观察。正是心有大爱，才让袁老不畏艰苦，不计得失；儿时的初心与梦想，化为一生的执着与动力，终为全人类带来了福音！

知识链接

观刈麦

[唐]白居易

田家少闲月，五月人倍忙。夜来南风起，小麦覆陇黄。
妇姑荷箪食，童稚携壶浆，相随饷田去，丁壮在南冈。
足蒸暑土气，背灼炎天光，力尽不知热，但惜夏日长。
复有贫妇人，抱子在其旁，右手秉遗穗，左臂悬敝筐。
听其相顾言，闻者为悲伤。家田输税尽，拾此充饥肠。
今我何功德，曾不事农桑。吏禄三百石，岁晏有余粮。
念此私自愧，尽日不能忘。

思考探究

❶ 本文标题为《我的两个梦》，请谈谈袁隆平院士的两个梦分别是什么。他是如何实现这两个梦的？

❷ 比较《我的两个梦》与《观刈麦》两篇作品，说说作者面对民众的苦难产生的思想情感有何异同点。请畅谈你的感想。

移动阅读

❶《最爱做的事》（徐鲁）：文中以轻快而饱含深情的笔调，将袁老的成长经历娓娓道来，让读者了解到母亲从小的熏陶与引导，让袁老从小树立了体恤贫苦、热爱劳动的品质；青年袁隆平在找到自己"最爱做的事"后，虽然这意味着责任与艰苦，但母亲选择了理解与支持，让袁老得以全身心投入这一伟大事业，最终为全世界带来了福音。

❷《为时代而歌——袁隆平》（纪录片）：该片讲述了杂交水稻之父袁隆平院士自20世纪50年代起至今，几十年如一日，一心致力于杂交水稻研究的风雨历程，真实呈现了袁隆平胸怀大爱、造福人类的远大抱负，不言放弃、迎难而上的坚强意志，执着追求、勇往直前的创造精神。

> 1835年秋天,马克思和他的同学即将毕业。面临着升学和就业的问题,大家都在考虑自己的前途:有人希望成为诗人、科学家或哲学家,献身文艺或学术事业;有人则羡慕资本主义的奢华生活,把舒适享乐作为人生的理想。而少年马克思却没有从具体的职业选择出发,而是将这个问题提升到对社会的认识和对生活的态度这一高度加以考虑,并写下了这篇充满思辨色彩的毕业论文。

青年在选择职业时的考虑

[德]马克思

自然本身给动物规定了它应该遵循的活动范围,动物也就安分地在这个范围内活动,而不试图越出这个范围,甚至不考虑有其他范围存在。神也给人指定了共同的目标——使人类和他自己趋于高尚,但是,神要人自己去寻找可以达到这个目标的手段;神让人在社会上选择一个最适合于他、最能使他和社会变得高尚的地位。

这种选择是人比其他创造物远为优越的地方,但同时也是可能毁灭人的一生、破坏他的一切计划并使他陷于不幸的行为。因此,认真地权衡这种选择,无疑是开始走上生活道路而又不愿在最重要的事情上听天由命的青年的首要责任。

每个人眼前都有一个目标,这个目标至少在他本人看来是伟大的,而且如果最深刻的信念,即内心深处的声音,认为这个目标是伟大的,那它实际上也是伟大的,因为神决不会使世人完全没有引导者;神轻声地但坚定地作启示。

但是,这声音很容易被淹没;我们认为是热情的东西可能倏忽而生,同样可能倏忽而逝。也许,我们的幻想蓦然迸发,我们的感情激动起来,我们的眼前浮想联翩,我们狂热地追求我们以为是神本身给我们指出的目标;但是,我们梦寐以求的东西很快就使我们厌恶,于是,我们便感到自己的整个存在遭到了毁灭。

因此,我们应当认真考虑:我们对所选择的职业是不是真的怀有热情?发自我们内心的声音是不是同意选择这种职业?我们的热情是不是一种迷误?我们认为是神的召唤的东西是不是一种自我欺骗?不过,如果不对热情的来源本身加以探究,我们又怎么能认清这一切呢?

伟大的东西是闪光的,闪光会激发虚荣心,虚荣心容易使人产生热情或者一种我们觉得是热情的东西；但是，被名利迷住了心窍的人，理性是无法加以约束的，于是他一头栽进那不可抗拒的欲念召唤他去的地方；他的职业已经不再是由他自己选择，而是由偶然机会和假象去决定了。

我们的使命绝不是求得一个最足以炫耀的职业，因为它不是那种可能由我们长期从事，但始终不会使我们感到厌倦、始终不会使我们劲头低落、始终不会使我们的热情冷却的职业，相反，我们很快就会觉得，我们的愿望没有得到满足，我们的理想没有实现，我们就将怨天尤人。

但是，不仅虚荣心能够引起对某种职业的突然的热情，而且我们也许会用自己的幻想把这种职业美化，把它美化成生活所能提供的至高无上的东西。我们没有仔细分析它，没有衡量它的全部分量，即它加在我们肩上的重大责任；我们只是从远处观察它，而从远处观察是靠不住的。

在这里，我们自己的理性不能给我们充当顾问，因为当它被感情欺骗，受幻想蒙蔽时，它既不依靠经验，也不依靠更深入的观察。然而，我们的目光应该投向谁呢？当我们丧失理性的时候，谁来支持我们呢？

是我们的父母，他们走过了漫长的生活道路，饱尝了人世辛酸。——我们的心这样提醒我们。

如果我们经过冷静的考察，认清了所选择的职业的全部分量，了解它的困难以后，仍然对它充满热情，仍然爱它，觉得自己适合于它，那时我们就可以选择它，那时我们既不会受热情的欺骗，也不会仓促从事。

但是，我们并不总是能够选择我们自认为适合的职业；我们在社会上的关系，还在我们有能力决定它们以前就已经在某种程度上开始确立了。

我们的体质常常威胁我们，可是任何人也不敢藐视它的权利。

诚然，我们能够超越体质的限制，但这么一来，我们也就垮得更快；在这种情况下，我们就是冒险把大厦建筑在残破的废墟上，我们的一生也就变成一场精神原则和肉体原则之间的不幸的斗争。但是，一个不能克服自身相互斗争的因素的人，又怎能抗御生活的猛烈冲击，怎能安静地从事活动呢？然而只有从安静中才能产生出伟大壮丽的事业，安静是唯一能生长出成熟果实的土壤。

尽管我们由于体质不适合我们的职业，不能持久地工作，而且很少能够愉快地工作，但是，为了恪尽职守而牺牲自己幸福的思想激励着我们不顾体弱去努力工作。如果我们选择了力不胜任的职业，那么我们决不能把它做好，我们很快就会自愧无能，就会感到自己是无用的人，是不能完成自己使命的社会成员。由此产生的最自然的结果就是自卑。还有比这更痛苦的感情吗？还有比这更难于靠外界的各种赐予来补偿的感情吗？自卑是一条毒蛇，它无尽无休地搅扰、啃啮我们的胸膛，吮吸我们心中滋润生命的血液，注入厌世和绝望的毒液。

如果我们错误地估计了自己的能力，以为能够胜任经过较为仔细地考虑而选定的职业，那么这种错误将使我们受到惩罚。即使不受到外界的指责，我们也会感到比外界指责更为可怕的痛苦。

如果我们把这一切都考虑过了，如果我们的生活条件容许我们选择任何一种职业，那么我们就可以选择一种使我们获得最高尊严的职业，一种建立在我们深信其正确的思想上的职业，一种能给我们提供最广阔的场所来为人类工作，并使我们自己不断接近共同目标即臻于完美境界的职业，而对于这个共同目标来说，任何职业都只不过是一种手段。

尊严是最能使人高尚、使他的活动和他的一切努力具有更加崇高品质的东西，是使他无可非议、受到众人钦佩并高出于众人之上的东西。

但是，能给人以尊严的只有这样的职业，在从事这种职业时我们不是作为奴隶般的工具，而是在自己的领域内独立地进行创造；这种职业不需要有不体面的行动（哪怕只是表面上不体面的行动），甚至最优秀的人物也会怀着崇高的自豪感去从事它。最合乎这些要求的职业，并不总是最高的职业，但往往是最可取的职业。

但是，正如有失尊严的职业会贬低我们一样，那种建立在我们后来认为是错误的思想上的职业也一定会成为我们的沉重负担。

这里，我们除了自我欺骗，别无解救办法，而让人自我欺骗的解救办法是多么令人失望啊！

那些主要不是干预生活本身，而是从事抽象真理的研究的职业，对于还没有确立坚定的原则和牢固的、不可动摇的信念的青年是最危险的，当然，如果这些职业在我们心里深深地扎下了根，如果我们能够为它们的主导思想而牺牲生命、竭尽全力，这些职业看来还是最高尚的。

这些职业能够使具有合适才干的人幸福，但是也会使那些不经考验、凭一时冲动而贸然从事的人毁灭。

相反，重视作为我们职业的基础的思想，会使我们在社会上占有较高的地位，提高我们自己的尊严，使我们的行为不可动摇。

一个选择了自己所珍视的职业的人，一想到他可能不称职时，就会战战兢兢——这种人单是因为他在社会上所处的地位是高尚的，他也就会使自己的行为保持高尚。

在选择职业时，我们应该遵守的主要指针是人类的幸福和我们自身的完美。不应认为，这两种利益会彼此敌对、互相冲突，一种利益必定消灭另一种利益；相反，人的本性是这样的：人只有为同时代人的完美、为他们的幸福而工作，自己才能达到完美。

如果一个人只为自己劳动，他也许能够成为著名的学者、伟大的哲人、卓越的诗人，然而他永远不能成为完美的、真正伟大的人物。

历史把那些为共同目标工作而自己变得高尚的人称为最伟大的人物；经验赞美那些为大多数人带来幸福的人是最幸福的人；宗教本身也教诲我们，人人敬仰的典范，就曾为人类而牺牲自己——有谁敢否定这类教诲呢？

如果我们选择了最能为人类而工作的职业，那么，重担就不能把我们压倒，因为这是为大家做出的牺牲；那时我们所享受的就不是可怜的、有限的、自私的乐趣，我们的幸福将属于千百万人，我们的事业将悄然无声地存在下去，但是它会永远发挥作用，而面对我们的骨灰，高尚的人们将洒下热泪。

卡尔·马克思写于1835年8月12日

（选自《马克思恩格斯全集》第一卷，人民出版社1995年版）

作品导读

这是马克思在1835年秋天所写的一篇毕业论文，在文中，他发表了一些重要见解，并表达了为人类服务的崇高理想。

马克思在这篇毕业论文中提出：与动物相比，人能掌握自己的命运，有选择的自由，这是人的优越之处。职业选择是关系到生活目标和生活道路的重大问题，需要采取严肃的态度。因此，在开始走上生活道路这一关键时刻，青年们应当认真地权衡职业的选择。

卡尔·亨利希·马克思
（1818—1883）

马克思，科学社会主义的创始人，伟大的政治家、哲学家、经济学家、革命理论家，主要著作有《资本论》《共产党宣言》等。

马克思认为，在选择职业时，应当考虑的第一个因素是内心的声音，对所选的职业是否真正怀有热情。如何分辨是否怀有真正的热情？文章指出，应当厘清这三种情况：因虚荣心而引发的热情，容易厌倦的一时激情，以及因不了解而产生的美化心理。当我们无法判断时，应当请求父母的支持。如果经过冷静地考察，了解职业的分量及困难后仍能心存热爱，这时的选择才是理性的。

选择职业的第二个考虑因素是个人的能力，包括个人现状、社会关系、家庭条件等。文中尤其指出，个人体质在选择职业时应当作为一个突出的考虑因素，否则很可能让我们在职业生涯中，因为无法持久而幸福地工作而陷入严重的内耗，从而疲惫不堪。此外，还应当考虑生活条件的支持度。

第三个考虑的因素是选择的职业能否使我们获得尊严，我们是否深信它是正确的，是否能为他人服务，是否能够使我们不断地完善自己，即在个体发展与为人服务这两个方面提供广阔的空间。而且，这种职业往往能够让我们在专业的领域内有所创造，也不需要产生不体面的行为。

第四个，即马克思总结选择职业最重要的原则，应当是"人类的幸福"和"自身的完美"的统一。如果一个人在选择职业时，仅从利己主义的原则出发，只考虑如何满足个人的欲望，虽然也有可能成为出色的诗人、聪明的学者、显赫的哲学家，可是绝不能成为伟大的人物，也不能得到真正的幸福。这是因为，他的出发点是自私的，而最终成就的事业也是有限的。一个人只有选择为人类服务的职业，只有为人类最大多数人的幸福而工作，才会拥有不可摧毁的精神力量，也才能在事业中获得真正的幸福。

为人类服务，是马克思在中学毕业作文中所阐述的主要思想，也是少年马克思毕生追求的崇高理想。他的一生，坚定不渝地始终忠实于这一少年时代的誓言，也因此，成为为人类服务的光辉典范。

知识链接

我没有专业，祖国的需要就是我的专业

钱伟长院士是世界知名的科学家，但他最初居然是文史类专业高才生，反而数理化专业都不怎么好。

1931年，钱院士凭借出色的文史功底，在高考中取得了语文、历史满分的成绩。高考总共6门课，钱伟长一共考了225分，扣除文史双百，余下的，是数理化英的总分……清华大学的教授们为此展开了讨论，最后钱伟长被清华大学破格录取，成为文史教授们十分关注的对象。

然而，钱伟长到清华园的次日，东北爆发了"九·一八事变"，举国震动。校园里，年轻学子们热血沸腾，纷纷希望游行请愿。钱伟长拳拳的爱国心一下升腾起来："没有飞机大炮，我们可以自己造啊！我要学习如何造飞机大炮！"这种以天下苍生为己任的使命感和责任感，既缘于民族危机的时代烙印，也与钱伟长的传统文化素养分不开。

"九·一八事变"使钱伟长下定决心，弃文学理，科学救国，进入物理系学习。爱国热情激发了钱伟长的学习动力，社会责任感坚定了钱伟长的理想信念，就这样，一个物理只考了5分的学生，通过"软磨硬泡"终于如愿转到了物理系，又花了4年的时间使自己成为物理系第一名。

后来，钱伟长考取公费留学生，学成之后在美国工作，年薪高达8万美元。这笔钱对于同时代的国人来说，可谓是一个天文数字。但是钱伟长为了心中的信仰，后来毅然回国，在清华大学机械系当起了教授。由于钱院士研究广泛，经常被人称为"万能科学家"，有人问及他的专业究竟是什么，他这样回答："我没有专业，祖国的需要就是我的专业。"

思考探究

❶ 文中提出了几种选择职业的考虑因素及重要原则，请结合袁隆平院士、钱伟长院士等科学家的职业选择与人生经历，谈谈你的理解和认识。

❷ 请谈谈本文对你在选择职业上的启示。

移动阅读

❶ **《你的降落伞是什么颜色》**（理查德·尼尔森·鲍利斯）：风靡近半个世纪的职业规划类工具书，前半部分的职业认知可以帮助读者了解真实的职业规划，为寻求职业作准备；后半部分的画图可以帮助读者更好地梳理自己，如利用画图进行自我盘点，从而发现自己的兴趣与技能，找到自己的理想职业。

❷ **《觉醒年代》**（电视剧）：该剧以李大钊、陈独秀、胡适从相识、相知到观念不同而分开，走上不同人生道路的传奇故事为基本叙事线，以毛泽东、周恩来、陈延年、陈乔年等革命青年追求真理的坎坷经历为辅助线，在这幅波澜壮阔的历史画卷中，艺术再现了一段追求真理、燃烧理想的澎湃岁月。

> 作为近代杰出的爱国政治家、著名的文史学者、成就斐然的教育家，梁启超曾说自己生平最受用的有两句话：一是"责任心"，二是"趣味"。如何在生活与工作中调和这两句话？他在上海中华职业学校所做的这一场演讲，便为听众层层剖析，生动形象地说明了应当如何进行自我调节，从而过上"快乐"又"合理"的生活。

敬业与乐业

梁启超

我这题目，是把《礼记》里头"敬业乐群"和《老子》里头"安其居乐其业"那两句话，断章取义造出来的。我所说的是否与《礼记》《老子》原意相和，不必深求；但我确信"敬业乐业"四个字，是人类生活的不二法门。

本题主眼，自然是在"敬"字、"乐"字。但必先有业，才有可敬、可乐的主体，理至易明。所以在讲演正文以前，先要说说有业之必要。

孔子说："饱食终日，无所用心，难矣哉！"又说："群居终日，言不及义，好行小慧，难矣哉！"孔子是一位教育大家，他心目中没有什么人不可教诲，独独对于这两种人便摇头叹气说道："难！难！"可见人生一切毛病都有药可医，惟有无业游民，虽大圣人碰着他，也没有办法。

唐朝有一位名僧百丈禅师，他常常用两句格言教训弟子，说道："一日不做事，一日不吃饭。"他每日除上堂说法之外，还要自己扫地、擦桌子、洗衣服，直到八十岁，日日如此。有一回，他的门生想替他服务，把他本日应做的工悄悄地都做了，这位言行相顾的老禅师，老实不客气，那一天便绝对地不肯吃饭。

我征引儒门、佛门这两段话，不外证明人人都要有正当职业，人人都要不断的劳作。倘若有人问我：百行什么为先？万恶什么为首？我便一点不迟疑答道："百行业为先，万恶懒为首。"没有职业的懒人，简直是社会上的蛀米虫，简直是"掠夺别人勤劳结果"的盗贼。我们对于这种人，是要彻底讨伐，万不能容赦的。今日所讲，专为现在有职业及现在正做职业上预备的人——学生——说法，告诉他们对于自己现有的职业应采何种态度。

第一要敬业。敬字为古圣贤教人做人最简易、直捷的法门，可惜被后来有些人说得太精微，倒变得不适用了。惟有朱子解的最好，他说："主一无适便是敬。"用现在的话讲，凡做一件事，便忠于一件事，将全副精力集中到这事上头，一点不旁骛，便是敬。业有什么可敬呢？为什么该敬呢？人类一面为生活而劳动，一面也是为劳动而生活。人类既不是上帝特地制来充当消化面包的机器，自然该各人因自己的地位和才力，认定一件事去做。凡可以名为一件事的，其性质都是可敬。当大总统是一件事，拉黄包车也是一件事，事的名称，从俗人眼里看来，有高下；事的性质，从学理上解剖起来，并没有高下。只要当大总统的人，信得过我可以当大总统才去当，实实在在把总统当作一件正经事来做；拉黄包车的人，信得过我可以拉黄包车才去拉，实实在在把拉车当作一件正经事来做，便是人生合理的生活。这叫做职业的神圣。凡职业没有不是神圣的，所以凡职业没有不是可敬的。惟其如此，所以我们对于各种职业，没有什么分别拣择。总之，人生在世，是要天天劳作的。劳作便是功德，不劳作便是罪恶。至于我该做哪一种劳作呢？全看我的才能何如，境地何如。因自己的才能、境地，做一种劳作做到圆满，便是天地间第一等人。

怎样才能把一种劳作做到圆满呢？惟一的秘诀就是忠实，忠实从心理上发出来的便是敬。《庄子》记佝偻丈人承蜩的故事，说道："虽天地之大，万物之多，而惟吾蜩翼之知。"凡做一件事，便把这件事看作我的生命，无论别的什么好处，到底不肯牺牲我现做的事来和他交换。我信得过我当木匠的做成一张好桌子，和你们当政治家的建设成一个共和国家同一价值；我信得过我当挑粪的把马桶收拾得干净，和你们当军人的打胜一支压境的敌军同一价值。大家同是替社会做事，你不羡慕我，我不羡慕你。怕的是我这件事做得不妥当，便对不起这一天里头所吃的饭。所以我做这事的时候，丝毫不肯分心到事外。曾文正说："做这山，望那山，一事无成。"我从前看见一位法国学者著的书，比较英法两国国民性质，他说："到英国人公事房里头，只看见他们埋头执笔做他们的事；到法国人公事房里头，只看见他们衔着烟卷像在那里出神。英国人走路，眼注望，像用全副精神注在走路上；法国人走路，总是东张西望，像不把走路当一回事。"这些话比较得是否确切，姑且不论；但很可以为敬业两个字下注脚。若果如他所说，英国人便是敬，法国人便是不敬。一个人对于自己的职业不敬，以学理方面说，便亵渎职业之神圣；从事实方面说，一定把事情做糟了，结果自己害自己。所以敬业主义，于人生最为必要，又于人生最为有利。庄子说："用志不分，乃凝于神。"孔子说："素其位而行，不愿乎其外。"我说的敬业，不外这些道理。

第二要乐业。"做工好苦呀！"这种叹气的声音，无论何人都会常在口边流露出来。但我要问他："做工苦，难道不做工就不苦吗？"今日大热天气，我在这里喊破喉咙来讲，诸君扯直耳朵来听，有些人看着我们好苦；翻过来讲，倘若我们去赌钱去吃酒，还不是一样在淘神费力？难道又不苦？须知苦乐全在主观的心，不在客观的事。人生从出胎的那一秒钟起到咽气的那一秒钟止，除了睡觉以外，总不能把四肢、五官都搁起不用。只要一用，不是淘神，便是费力，劳苦总是免不掉的。会打算盘的人，只有从劳苦中找出快乐来。我想天下第一等苦人，莫过于无业游民，终日闲游浪荡，不知把自己的身子和心子摆在哪里才好。他们的日子真难过。第二等苦人，便是厌恶自己本业的人，这件事分明不能不做，却满肚子里不愿意做。不愿意做逃得了吗？到底不能。结果还是皱着眉头，哭丧着脸去做。这不是专门自己替自己开玩笑吗？我老实告诉你一句话："凡职业都是有趣味的，只要你肯继续做下去，趣味自然会发生。"为什么呢？第一，因为凡一件职业，总有许多层累、曲折，倘能身入其中，看他变化、进展的状态，最为亲切有味。第二，因为每一职业之成就，离不了奋斗；一步一步地奋斗前去，从刻苦中将快乐的分量加增。第三，职业性质，常常要和同业的人比较骈进，好像赛球一般，因竞胜而得快乐。第四，专心做一职业时，把许多游思、妄想杜绝了，省却无限闲烦恼。孔子说："知之者不如好之者，好之者不如乐之者。"人生能从自己职业中领略出趣味，生活才有价值。孔子自述生平，说道："其为人也，发愤忘食，乐以忘忧，不知老之将至云尔。"这种生活，真算得人类理想的生活了。

我生平最受用的有两句话：一是"责任心"，二是"趣味"。我自己常常力求这两句话之实现与调和，又常常把这两句话向我的朋友强聒不舍。今天所讲，敬业即是责任心，乐业即是趣味。我深信人类合理的生活总该如此，我盼望诸君和我一同受用！

（选自《饮冰室合集》第五册，中华书局1989年版）

作品导读

梁启超一生的政治文化活动皆围绕着"爱国"这一核心价值观。他经历了无数政治风波,而后退出政坛。在欧洲考察期间,他认识到西方的许多问题和弊病,此后他一改原来的理念,倡导中国传统文化,希望用东方的"固有文明"来拯救世界。这篇文章正写于这一时期,是梁启超在上海中华职业学校演讲的文稿。作者丰富的人生经历和广阔的文化视野,使得文章处处闪烁着智慧的光芒。

这是一篇宣讲人生与事业关系的演讲词。演讲一开始,梁启超就引用国人熟悉的儒家经典《礼记》和道家经典《老子》中的格言,开宗明义地提出了"敬业乐业"的主旨;接下来,分别谈论了"有业""敬业""乐业"的重要性;最后,又用"责任心"和"趣味"总结全文旨意。

全文主旨鲜明,层次清晰,形象生动,论述有力。在引用典故名言时,注重化深为浅,能以通俗生动而饶有趣味的语言来讲解。梁启超的演讲,往往既有冷静的分析,又有诚挚的感情,晓之以理又能动之以情,所以具有很高的说服力与鼓动性。

梁启超
(1873—1929)

梁启超,字卓如,号任公,别号饮冰室主人等,广东新会人。中国近代维新派代表人物,政治活动家、启蒙思想家、教育家、史学家和文学家,曾倡导文体改良的"诗界革命"和"小说界革命",其著作合编为《饮冰室合集》。

知识链接

一门三院士,九子皆才俊

梁启超毕生爱国,在近代的历史进程中,爱国救亡的队伍永远都有他忙碌的身影。可身为父亲,他从未落下教育子女的责任,他的儿女个个事业有成,创造了"一门三院士,九子皆才俊"这一难以复制的家教传奇,堪称"中国家庭教育第一人"。

在梁启超九个子女中,长女思顺,是诗词研究专家;长子思成,是著名建筑学家、中央研究院首届院士;次子思永,著名考古学家、中央研究院院士;三子思忠,西点军校毕业,曾参与淞沪抗战;次女思庄,著名图书馆学家;四子思达,著名经济学家;三女思懿,著名社会活动家;四女思宁,早年就读南开大学,后奔赴新四军参加革命;五子思礼,火箭控制系统专家、中国科学院院士。

在梁启超的心中,国家占有非同寻常的比重,他题写的"人必真有爱国心,然后方可用大事"一联，指引了梁家九个子女未来的路。梁启超以自己的言传身教，将一生不变的家国情怀，融入了梁氏后人的血脉，他的九个子女都接受了高等教育，其中七个留学海外，但面对当时处于战乱之中的祖国，七个子女们都义无反顾地放弃国外优越的生活条件，毅然选择回国，誓与祖国命运休戚与共。

思考探究

❶ 谈谈你对文中所说的"责任心"与"趣味"，"敬业"与"乐业"的理解，并结合自身情况，谈谈如何在职业选择和职业生涯中平衡这两个原则。

❷ 梁启超一生信仰"趣味主义"，他曾说："我所做的事，常常失败——严格得可以说没有一件不失败——然而我总是一面失败一面做；因为我不但在成功里头感觉趣味，就在失败里头也感觉趣味。我每天除了睡觉外，没有一分钟一秒钟不是积极地活动；然而我绝不觉得疲倦，而且很少生病；因为我每天的活动有趣得很，精神上的快乐，补得过物质上的消耗而有余。""我觉得天下万事万物都有趣味，我只嫌二十四点钟不能扩充到四十八点，不够我享用。我一年到头不肯歇息。问我忙什么，忙得是我的趣味，我以为这便是人生最合理的生活。"请谈谈这种"趣味主义"在学习与工作中的作用和意义。

移动阅读

❶《梁启超家书》（梁启超）：本书选摘了1898—1928年间梁启超写给子女的上百封书信，信中梁启超"笔端饱含感情"，没有严厉的呵斥，也不做居高临下的姿态，而是喷薄而出的慈父之爱。他注重孩子的身心健康，希望他们全面发展，会同他们谈人生理想、国家大事、婚姻感情。他这种趣味式陪伴式的教育理念，对当下父母的家庭教育，仍有弥足珍贵的借鉴意义。

❷《梁思成与林徽因——父亲》（纪录片）：该片记录了梁启超与林长民，这两位饱受中国文化熏陶、接触先进思想的中国知识分子是如何教育子女成长的。从童年、少年到求学海外，孩子们的成长历程中相伴的是父亲的仁爱和责任。在他们面临事业选择、感情波折、人生困顿之时，父亲总是会及时地用最温婉的方式，将自己的人生感悟传递给孩子。

《史记·货殖列传》中，重点讲述了先秦时期四位著名人物——计然、范蠡、子贡、白圭的商业理念与人生故事，各有其不可磨灭的精彩。文中的许多经商之道与财富观念，时至今日仍有深刻的现实意义。

财富之道①

[西汉] 司马迁

昔者越王句践困于会稽之上，乃用范蠡、计然。计然曰："知斗则修备，时用则知物②，二者形则万货之情可得而观已。故岁在金，穰；水，毁；木，饥；火，旱③。旱则资舟，水则资车，物之理也。六岁穰，六岁旱，十二岁一大饥。夫籴，二十病农，九十病末④。末病则财不出，农病则草不辟矣。上不过八十，下不减三十，则农末俱利，平籴齐物，关市不乏⑤，治国之道也。积著之理，务完物，无息币⑥。以物相贸易，腐败而食⑦之货勿留，无敢居贵。论其有余不足，则知贵贱。贵上极则反贱，贱下极则反贵。贵出如粪土，贱取如珠玉⑧。财币欲其行如流水。"修之十年，国富，厚赂战士，士赴矢石，如渴得饮，遂报强吴，观兵中国，称号"五霸"。

范蠡既雪会稽之耻，乃喟然而叹曰："计然之策七，越用其五而得意。既已施于国，吾欲用之家。"乃乘扁舟浮于江湖，变名易姓，适齐为鸱夷子

---

① 本篇选自《史记·货殖列传》，标题为编者所加。
② "时用"句：知道货物何时为人需求购用。时，时间，季节。用，使用。
③ "故岁在金"八句：岁，太岁，又称岁阴，太阴。中国古代以岁星纪年，按照岁星即木星的恒星周期确定历法周期。金指西方，水指北方，木指东方，火指南方。岁在金，指同木星相对应的太岁行至西方的三年，余同此。穰，丰收。毁，荒歉。这是用阴阳五行说推算年成好坏：岁在金则丰收，在水则荒歉，在木则饥荒，在火则干旱。但依此推算，则十二年中只有"三岁穰"，同下文"六岁穰"的说法不相应。疑"木，饥"有误。
④ "夫籴"三句：籴，出售粮食。末，指商贾。意为如果粮价贱到斗值二十钱，对农民不利，但粮食收购价格贵到斗值九十钱，则对商人不利。
⑤ 平籴：平价卖粮。齐物：同等货物。关市：指关卡税收与市场供应。
⑥ "积著"三句：著，古"贮"字。无，通"毋"。息，停滞。谓积贮货物，应该注意货物的完好，不要让货币停止流通。
⑦ 食：通"蚀"。
⑧ "贵出"二句：当物贵到极点时，要及时卖出，视同粪土；当物贱到极点时，要及时购进，视如珠宝。

皮，之陶为朱公①。朱公以为陶天下之中，诸侯四通，货物所交易也。乃治产积居。与时逐而不责于人②。故善治生者，能择人而任时。十九年之中三致千金，再分散与贫交疏昆弟③。此所谓富好行其德者也。后年衰老而听子孙，子孙修业而息之，遂至巨万。故言富者皆称陶朱公。

子赣既学于仲尼④，退而仕于卫，废著鬻财⑤于曹、鲁之间，七十子之徒，赐最为饶益。原宪不厌糟糠，匿于穷巷。子贡结驷连骑，束帛之币以聘享诸侯⑥，所至，国君无不分庭与之抗礼。夫使孔子名布扬于天下者，子贡先后之也。此所谓得埶而益彰者乎？

白圭，周人也。当魏文侯时，李克务尽地力⑦，而白圭乐观时变，故人弃我取，人取我与。夫岁孰取谷，予之丝漆；茧出取帛絮，予之食。太阴在卯⑧，穰；明岁衰恶。至午，旱；明岁美。至酉，穰；明岁衰恶。至子，大旱；明岁美，有水。至卯，积著率岁倍。欲长钱，取下谷；长石斗，取上种⑨。能薄饮食，忍嗜欲，节衣服，与用事僮仆同苦乐，趋时若猛兽挚鸟之发。故曰："吾治生产，犹伊尹、吕尚之谋，孙吴用兵，商鞅行法是也。是故其智不足与权变，勇不足以决断，仁不能以取予，强不能有所守，虽欲学吾术，终不告之矣。"盖天下言治生祖白圭。白圭其有所试矣，能试有所长，非苟而已也⑩。

（选自《史记》点校本，中华书局1959年版）

---

① 鸱夷子皮：鸱夷，亦作"鸱鹈"。盛酒器名，用时能盛酒，不用时可卷起来放在怀里。范蠡隐匿行迹，因以为姓。鸱夷是用皮做的，所以取名子皮。陶：地名，在今山东定陶。
② "与时逐"句：与时逐，谓随时而做不同的交易，以获取最大的利益。责，同"债"。不责于人，谓交易时择人而与，别人也不亏负他。
③ 贫交：贫穷的朋友。疏昆弟：同姓远房兄弟。
④ 子赣：即子贡，姓端木，名赐。
⑤ 废著鬻财：废著，废谓物贵则卖出，著谓物贱则买贮。鬻财，经商贸易之意。
⑥ 束帛之币：帛长一丈八尺为端，两端合卷成为一匹。五匹一束，所以称束帛。古时用作赠送的礼物。古代帛也称为币，币即礼物。
⑦ 李克：当为"李悝"。据《汉书·食货志》，李悝为魏文侯作尽地力之教，国以富强。刘向《别录》亦云"李悝"。
⑧ 太阴在卯：太阴，即太岁。卯，及下文午、酉、子，都是十二支纪年中与十二岁次对应的年份。其对应的方位，则分别当正东、正南、正西、正北。白圭的占岁法，同计然的说法一致。
⑨ "欲长钱"四句：下谷价廉，容易出售，成交数量大，获利多，所以长钱；上谷做种子，收获产量高，所以长石斗。
⑩ 非苟而已也：并不是马虎随便行事。苟，不严肃。

作品导读

本篇节选自《史记》列传第六十九,是专门记叙从事"货殖"活动的杰出人物的类传,也是反映司马迁经济思想和物质观的重要篇章。"货殖"即利用货物的生产与交换,进行商业活动,从中生财求利。司马迁所指的货殖,还包括各种手工业,以及农、牧、渔、矿山、冶炼等行业的经营在内。身处重农抑商的时代环境中,能够意识到商品经济的重要性,开史家之先河,单独为商人立传,可见司马迁眼界之开阔,思想之先进。

本篇主要介绍了计然、范蠡、子贡及白圭四位著名人物的经济理念与事迹。

计然和范蠡,都曾辅佐越王勾践复国。计然提出的"知斗则修备,时用则知物"可谓中国极古老的商业原理之一,指明白国与国之间的竞争关系,就会未雨绸缪,作好充分的物资准备;而特定时期,某样物品会成为特别必需而又稀缺的物品,价格大幅提升,这时物品的内在使用性才能真正体现。

范蠡与计然一样,是道家学者。道家"忌盛忌满"的理念,让他对时势有清醒的认知,在帮助勾践打败吴王夫差后,他毅然选择"乘扁舟浮于江湖"。他认为计然的理念应用在治国上能获得成功,那么一定也适用于治家,于是隐姓埋名于齐、陶等地经商。范蠡继承了计然的经商理念,"与时逐而不责于人",即把握住先机而非与人竞争,"三聚财三散财",每次积累了大量的财富之后又将其分赠予贫困的亲友,所以司马迁评价他是"富好行其德者"。可以说,范蠡的一生,高度体现了道家的人生智慧。

司马迁
(约公元前145或前135—公元前90)

司马迁出身史学世家。他十岁时随父司马谈到长安,先后求学于董仲舒和孔安国门下。二十岁开始游历名山大川,所到之处均考察风俗,采集史迹传说。继承父亲太史令的职位后,司马迁得以饱览朝廷藏书,又随汉武帝到各地巡游;同时开始着手整理史料,以完成父亲著史遗愿。李陵之祸后,司马迁发愤著书,最终完成了"史家之绝唱,无韵之离骚"的千古名著——《史记》。

如果说范蠡是道家学派在商业领域的代表人物,子贡则是儒家学派经商致富的佼佼者。子贡,复姓端木,名赐,是孔门十哲之一,善于雄辩,办事通达,曾任鲁国、卫国的丞相。与范蠡的隐姓埋名、低调行事不同,子贡在获取大量财富之后,资助孔子周游列国,"使孔子名布扬于天下";还在政治领域、外交领域做出了影响时局的许多贡献,所以司马迁说他所到之处,"国君无不分庭与之抗礼"。子贡有"君子爱财,取之有道"之风,为后世商界所推崇,可谓儒家"达则兼济天下"的典范。

范蠡、子贡都是能够经世致用的政治人才与商业人才,而白圭则是真正意义上的生意人。他的经商致富理念包括"人弃我取、人取我与"的相反理念，短期投资的"欲长钱，取下谷"，长期投资的"长石斗，取上种"，把握时机要如同"猛兽挚鸟之发"，以及保持俭朴的生活等。他还认为，学习经商需要有灵活权变、大胆决断、人际平衡、坚忍吃苦等品质。

　　此篇传中人物各具特色，各怀其才，而当中的许多经济理念，在今天看来仍然具有普适性和启发性。故有学者认为，"读中国书而未读《史记》，可算未曾读书；读《史记》而未读《货殖传》，可算未读《史记》。"（潘吟阁《史记货殖列传新诠·编者弁言》）。

知识链接

"商圣"范蠡

　　范蠡（公元前536—公元前448），字少伯，春秋末期越国大夫，是我国历史上著名的政治家、军事家、经济学家、道家学者。

　　范蠡虽出身贫贱，但博学多才、文武双全，曾师从道家学者计然。他与楚宛令文种相交甚深，因不满当时楚国政治黑暗而一同投奔越国，受到越王勾践的重用。后献策扶助勾践复国，兴越灭吴，被封为上将军。功成名就之后，他急流勇退，化名为鸱夷子皮在齐国经商，不久便发家致富，齐人闻其贤名而请他担任相国，他却认为"居家则致千金，居官则至卿相，此布衣之极也。久受尊名，不祥。"再次急流勇退，辞官散财，迁居陶地，自号"陶朱公"。

　　范蠡一生淡泊名利，虽多次通过经商积累了大量财富，但却能广散钱财救济贫苦，成就"富而好行其德"的人格典范。在他去世后，因而被后人尊称为"商圣"，也被民间恭奉为"文财神"。

思考探究

❶ 谈谈你对范蠡"十九年之中三致千金,再分散与贫交疏昆弟"这一做法的看法。

❷ 必须具备哪些品质,白圭才会教授对方学习经商之道?

❸ 请谈谈范蠡与白圭的经商致富之道有何相通之处。

移动阅读

❶《保富法》(聂云台):本书是曾国藩外孙聂云台将自己一生的所见所闻,融合历史的经验教训而成,目的在提醒世人如何才能真正地保有财富。最初于1942年、1943年间在上海《申报》上连载,激荡时人之心,柳亚子等各界名流纷纷响应,一时传为佳话。近年来,文章被结集成书,得以完整面世,引起诸多企业家及主流媒体的热议。

❷《百家讲坛——司马迁的历史时空》(电视节目):一部伟大的著作来自一位伟大的作家,一位伟大的作家得益于一个伟大的时代。强盛的西汉王朝,孕育了司马迁和他的《史记》,而司马迁和《史记》也为他的时代增添了独特的光彩。司马迁的苦心记述,绝不只是单纯地记录历史,而是满含深情地写下风云大势中的人心向背、历史潮流下的个体沉浮与文明激荡中的思想淬炼,这也令这部史家经典在历经岁月的淘洗后依旧闪耀着独特的光辉。

实践活动

当下,我们面临高速变化发展的社会,提前做好职业规划,能让我们胸有成竹,为更好地择业就业、适应社会打下基础。对每个人而言,职业生涯是有限的,如果不进行有效的规划,势必会造成生命和时间的浪费。

请你尝试从以下几方面进行分析,并拟定一份具有实践意义的职业规划书。

❶ 评估自身兴趣及能力。

❷ 分析就业环境与形势。

❸ 判断职业定位与期望。

❹ 拟订计划与实施方案。

通过这一活动,我们能更清晰地做好职业规划,从而更好地适应从学校学习向社会实践的过渡,更好地实现自己的理想和价值。

八 劝学惜时

单元导读

在历史的长河中，每一个时代都有其独特的挑战与机遇，但无论时代如何变迁，不负青春、刻苦学习始终是青年人的共同使命。不管是现实中青年李白"铁杵磨针"的故事，还是小说中香菱学诗的情节，或是海伦·凯勒珍惜生命的勤学经历，都在提醒我们"青春虚度无所成，白首衔悲亦何及"，让我们更加珍惜韶华、勤奋自强。

青春是宝贵的。对青春最好的诠释，莫过于不满足于平庸，不止步于现状，将个人的努力与国家的强盛紧密相连，许下"强国有我"的庄严承诺。通过不懈地学习和实践，用汗水浇灌收获，以实干笃定前行，谱写好新时代的青春之歌。

《短歌行》，乐府相和歌平调七曲之一。古乐府中有《长歌行》与《短歌行》，关于二者的区别，《乐府解题》有两种说法：一是"言人寿命长短，有定分，不可妄求"；一是"歌声之长短耳，非言寿命也"。在李白之前，以此题为诗者，多为慨叹人生短暂，主张及时行乐。李白的这首诗，却以乐观浪漫、昂扬奋发的精神，在喟叹生命短促的同时，表达了对人生的珍惜与对建功立业的渴望。

短歌行

[唐]李白

白日何短短，百年苦易满①。
苍穹②浩茫茫，万劫太极长③。
麻姑垂两鬓④，一半已成霜。
天公见玉女，大笑亿千场⑤。
吾欲揽六龙，回车挂扶桑⑥。
北斗酌美酒⑦，劝龙各一觞。
富贵非所愿，与人驻颜光⑧。

（选自《李太白全集》，中华书局1977年版）

---

① "白日"二句：此用曹操《短歌行》："对酒当歌。人生几何，譬如朝露，去日苦多。"百年：谓一生，终身。
② 苍穹：苍天。
③ 万劫：犹万世，形容时间极长。劫，佛教名词，谓天地经过若干万年毁灭一次，再重新形成，自生成到毁灭谓之一劫。太极：这里指天地未分以前的元气。
④ 麻姑：神话中仙女名。《神仙传·卷七》载，仙女麻姑说曾见东海三为桑田，前到蓬莱，又见海水浅于往日略半，附近为陆地。
⑤ "天公"二句：据《神异经·东荒经》载，东王公常和玉女用箭作投壶游戏，每次要投一千二百支，若未投中，天便开口大笑，这就是下界所见到的电光。玉女：仙女。
⑥ "吾欲"二句：语本《楚辞·九叹·远游》："维六龙于扶桑。"六龙，指太阳。神话传说日神乘车，驾以六龙。扶桑，神话中的树，在东海中，日出于其上。
⑦ "北斗"句：此化用《楚辞·九歌·东君》"援北斗兮酌桂浆"句意。
⑧ 与：一作"为"。驻颜光：留住时间，使人不衰老。

📖 作品导读

《短歌行》为乐府旧题。乐府原有"长歌行"与"短歌行"之分，一般认为两者区别主要体现在歌声的长短而非篇幅的长短：前者情感舒缓而拖腔长，故称长歌；后者情感激越而拖腔短，故称短歌。李白此诗沿用乐府旧题来慨叹人生短促的主旨，并融入了游仙诗的意趣，在写法上将写实与想象融于一体，极富浪漫主义色彩。

"白日何短短，百年苦易满。"时间本是抽象概念，用"白日"来指代，便成为具体可感的形象。"短短"两个叠字，强调时间稍纵即逝。由时光的流逝，自然联想到生命短暂，可时间漫漫无垠——诗人正是抓住了这一强烈的反差，进一步驰骋瑰丽神奇的想象："苍穹浩茫茫，万劫太极长。"从"空间"角度极言天宇浩瀚无垠，又从"时间"角度感叹光阴的永恒漫长。由此，诗人又展开丰富的联想，将"麻姑见东海变桑田"与"东王公与玉女作投壶游戏"的故事融入诗中，描绘了瑰丽而诡谲的神仙世界。

李 白
（701—762）

李白，字太白，号青莲居士。有"诗仙"之美誉，与杜甫并称"李杜"，其诗雄奇豪放，想象丰富，善于从民间文艺和神话传说中吸取营养和素材，构成瑰丽绚烂的色彩，是继屈原以后极具个性特色和浪漫精神的诗人。

诗人笔锋一转，挥笔写出另一番大胆的想象："吾欲揽六龙，回车挂扶桑。北斗酌美酒，劝龙各一觞。"诗人要揽住为太阳驾车的六条神龙，把太阳所乘之车挂在东方"日出之所"的扶桑树上，用北斗作酒勺盛满美酒，请神龙各饮一杯。这样，便能使时光停歇下来，人生似乎也可得以长久。诗人要揽六龙、回朝日，并非为个人富贵：于人，为的是"老者不死，少者不哭"（李贺《苦昼短》）；于己，则是希望能够拯物济世，能够"长风破浪会有时，直挂云帆济沧海"。

前人所作的《短歌行》，在慨叹人生短促时，往往流露出一种及时行乐，纵情声色的颓废情绪。而在李白的笔下，虽也有"百年苦易满"的喟叹，然而却呈现出乐观浪漫、昂扬奋发的基调。这既是诗人的个性使然，也反映了盛唐时期积极昂扬的精神风貌。

知识链接

李白"谪仙人"名号的由来

"谪仙人"这一称呼源于贺知章,李白在《对酒忆贺监二首》的序中曾这样描述:"太子宾客贺公,于长安紫极宫一见余,呼余为谪仙人,因解金龟换酒为乐。没后对酒,怅然有怀,而作是诗。"由于贺知章在当时文坛的影响力,在他的赞誉下,李白"谪仙人"的称号传闻天下。而后,杜甫在《寄李十二白二十韵》再次引用这一名号:"昔年有狂客,号尔谪仙人。笔落惊风雨,诗成泣鬼神。"这对于李白"谪仙人"一号在后世的传播起到推波助澜的作用。

思考探究

① 结合所学,畅谈你对李白诗歌风格的理解。
② 结合过往所学,说说李白诗歌中常见的诗歌意象有哪些。

移动阅读

① **《李白传》**(李长之):由近现代著名文学评论家李长之先生的两部作品《李白》和《道教诗人李白及其痛苦》合成。前一篇主要是对李白生平的考据,试图从社会环境、政治生态及历史际遇剖析李白生平。后一篇则侧重对李白精神人格的分析,以李白的游历生活为经线,以李白的信仰与精神为纬线,深入解析李白充沛生命力与内心苦痛的缘由。

② **《李白》**(纪录片):李白是仗剑走天涯的侠客,是笔落惊风雨的诗仙,是唐诗史上一座难以逾越的高峰。同时,他也是一个始终不得志的文人,一个一生都在挣扎向上的普通人。可无论经历了怎样的幽暗曲折,李白的心中总有一束光,牵引着他走出重重黑暗。本片共四集,试图清晰完整地勾勒出这位艺术巨匠的一生,从而追寻中国人流淌数千年的精神品格。

> 香菱，原名甄英莲，是《红楼梦》中一个命运曲折的悲剧人物，也是大观园群芳命运的一个折射与伏笔。她出场不多，但在第四十八回"慕雅女雅集苦吟诗"中，作者却对"香菱学诗"有着十分精彩的描述，不但写出了香菱的天赋秉性，映照出大观园众人的性格特点，还表达了作者的诗学主张。

香菱学诗①

[清] 曹雪芹

且说香菱见过众人之后，吃过晚饭，宝钗等都往贾母处去了，自己便往潇湘馆中来。此时黛玉已好了大半，见香菱也进园来住，自是欢喜。香菱因笑道："我这一进来了，也得了空儿，好歹教给我作诗，就是我的造化了！"黛玉笑道："既要作诗，你就拜我作师。我虽不通，大略也还教得起你。"香菱笑道："果然这样，我就拜你作师。你可不许腻烦的。"黛玉道："什么难事，也值得去学！不过是起承转合，当中承转是两副对子，平声对仄声，虚的对实的，实的对虚的②，若是果有了奇句，连平仄虚实不对都使得的。"香菱笑道："怪道我常弄一本旧诗，偷空儿看一两首，又有对的极工的，又有不对的，又听见说'一三五不论，二四六分明'③。看古人的诗上，亦有顺的，亦有二四六上错了的，所以天天疑惑。如今听你一说，原来这些格调规矩竟是末事，只要词句新奇为上。"黛玉道："正是这个道理，词句究竟还是末事，第一立意要紧。若意趣真了，连词句不用修饰，自是好的，这叫做'不以词害意'。"

香菱笑道："我只爱陆放翁的诗，'重帘不卷留香久，古砚微凹聚墨多'，说的真有趣！"黛玉道："断不可学这样的诗④。你们因不知诗，所以见了这浅近的就爱。一入了这个格局，再学不出来的。你只听我说，你若真心要学，我这里有王摩诘全集，你且把他的五言律读一百首，细心揣摩透熟了，然后再读

---

① 本篇节选自《红楼梦》，标题为后人所加。
② 虚的对实的，实的对虚的：此说当存疑，应是就诗境而言，如"织女机丝虚夜月，石鲸鳞甲动秋风"（杜甫《秋兴·其七》），出句为虚境，对句为实境。如就词性而言，只能是实对实，虚对虚。
③ 一三五不论，三四六分明：近体诗（律诗和绝句）诗句的平仄既有严格规定，又可以灵活处理。每句第一、三、五字为平声者可以仄声代，反之亦然；但第二、四、六字必须严守规定，不得随意改变。
④ 断不可学这样的诗：这是黛玉对陆游那两句诗的批评。古人云：法乎其上，仅得其中；法乎其中，仅得其下。黛玉主张先学王维、杜甫、李白的诗，即有"法乎其上"之意；对休闲之作她是瞧不上眼的，所以说"断不可学这样的诗"。

一二百首老杜的七言律，次之再李青莲的七言绝句读一二百首。肚子里先有了这三个人作了底子，然后再把陶渊明、应玚、谢、阮、庾、鲍等人的一看。你又是一个极聪敏伶俐的人，不用一年的工夫，不愁不是诗翁了！"香菱听了，笑道："既这样，好姑娘，你就把这书给我拿出来，我带回去，夜里念几首也是好的。"黛玉听说，便命紫鹃将王右丞的五言律拿来，递与香菱，又道："你只看有红圈的，都是我选的，有一首念一首。不明白的问你姑娘，或者遇见我，我讲与你就是了。"香菱拿了诗，回至蘅芜苑中，诸事不顾，只向灯下一首一首的读起来。宝钗连催他数次睡觉，他也不睡。宝钗见他这般苦心，只得随他去了。

一日，黛玉方梳洗完了，只见香菱笑吟吟地送了书来，又要换杜律。黛玉笑道："共记得多少首？"香菱笑道："凡红圈选的，我尽读了。"黛玉道："可领略了些滋味没有？"香菱笑道："领略了些滋味，不知可是不是，说与你听听。"黛玉笑道："正要讲究讨论，方能长进。你且说来我听。"香菱笑道："据我看来，诗的好处，有口里说不出来的意思，想去却是逼真的。有似乎无理的，想去竟是有理有情的。"黛玉笑道："这话有了些意思，但不知你从何处见得？"香菱笑道："我看他《塞上》一首，那一联云：'大漠孤烟直，长河落日圆。'想来烟如何直？日自然是圆的。这'直'字似无理，'圆'字似太俗。合上书一想，倒像是见了这景的。若说再找两个字换这两个，竟再找不出两个字来。再还有，'日落江湖白，潮来天地青'。这'白''青'两个字，也似无理。想来，必得这两个字才形容得尽；念在嘴里，倒像有几千斤重的一个橄榄。还有，'渡头余落日，墟里上孤烟'。这'余'字和'上'字，难为他怎么想来！我们那年上京来，那日下晚便湾住船①，岸上又没有人，只有几棵树，远远的几家人家做晚饭，那个烟竟是碧青，连云直上。谁知我昨日晚上读了这两句，倒像我又到了那个地方去了。"

正说着，宝玉和探春也来了，也都入坐听他讲诗。宝玉笑道："既是这样，也不用看诗，会心处不在多②。听你说了这两句，可知三昧你已得了。"黛玉笑道："你说他这'上孤烟'好，你还不知他这一句还是套了前人的来。我给你这一句瞧瞧，更比这个淡而现成。"说着，便把陶渊明的"暧暧远人村，依依墟里烟"翻了出来，递与香菱。香菱瞧了，点头叹赏，笑道："原来'上'字是从'依依'两个字上化出来的。"宝玉大笑道："你已得了，不用再讲，越发倒学杂了。你就作起来，必是好的。"探春笑道："明儿我补一个柬来，请你入社。"香菱笑道："姑娘何苦打趣我。我不过是心里羡慕，才学着顽罢了。"

---

① 湾住：停泊。湾，一本作"挽"。
② 会心处不在多："多"，当作"远"。此语出自《世说新语·言语第二》："简文入华林园，顾谓左右曰'会心处不必在远，翳然林水，便自有濠濮间想也。'"宝玉说这话的意思是，评论诗文当以个人内心体验为主，不必舍近（个人体验）求远。

探春、黛玉都笑道:"谁不是顽!难道我们是认真作诗呢!若说我们认真成了诗,出了这园子,把人的牙还笑倒了呢。"宝玉道:"这也算自暴自弃了。前日我在外头和相公们商议画儿,他们听见咱们起诗社,求我把稿子给他们瞧瞧。我就写了几首给他们看看,谁不真心叹服。他们都抄了刻去了。"探春黛玉忙问道:"这是真话么?"宝玉笑道:"说谎的是那架上的鹦哥。"黛玉、探春听说,都道:"你真真胡闹!且别说那不成诗,便是成诗,我们的笔墨也不该传到外头去。"宝玉道:"这怕什么!古来闺阁中的笔墨不要传出去,如今也没有人知道了。"说着,只见惜春打发了入画来请宝玉,宝玉方去了。香菱又逼着黛玉换出杜律来,又央黛玉探春二人:"出个题目,让我诌去,诌了来,替我改正。"黛玉道:"昨夜的月最好,我正要诌一首,竟未诌成,你竟作一首来。十四寒的韵①,由你爱用那几个字去。"

　　香菱听了,喜得拿回诗来,又苦思一回,作两句诗;又舍不得杜诗,又读两首。如此茶饭无心,坐卧不定。宝钗道:"何苦自寻烦恼。都是颦儿引的你,我和他算帐去。你本来呆头呆脑的,再添上这个,越发弄成个呆子了。"香菱笑道:"好姑娘,别混我。"一面说,一面作了一首,先与宝钗看。宝钗看了笑道:"这个不好,不是这个作法。你别怕臊,只管拿了给他瞧去,看他是怎么说。"香菱听了,便拿了诗找黛玉。黛玉看时,只见写道是:

　　　　月桂中天夜色寒,清光皎皎影团团。
　　　　诗人助兴常思玩,野客添愁不忍观。
　　　　翡翠楼边悬玉镜,珍珠帘外挂冰盘。
　　　　良宵何用烧银烛,晴彩辉煌映画栏。

　　黛玉笑道:"意思却有,只是措词不雅。皆因你看的诗少,被他缚住了。把这首丢开,再作一首,只管放开胆子去作。"

　　香菱听了,默默地回来,越性连房也不入,只在池边树下,或坐在山石上出神,或蹲在地下抠土。来往的人都诧异。李纨、宝钗、探春、宝玉等听得此信,都远远地站在山坡上瞧着他。只见他皱一回眉,又自己含笑一回。宝钗笑道:"这个人定要疯了!昨夜嘟嘟哝哝,直闹到五更天才睡下。没一顿饭的工夫天就亮了。我就听见他起来了,忙忙碌碌梳了头,就找颦儿去。一回来了,呆了一日,作了一首又不好,这会子自然另作呢。"宝玉笑道:"这正是地灵人杰,老天生人,再不虚赋情性的。我们成日叹说,可惜他这么个人竟俗了。谁知到底有今日,可见天地至公。"宝钗笑道:"你能够像他这苦心就好了,学什么有个不成的。"宝玉不答。

---

① 十四寒:我国古代的韵书把同韵的字归为一部,每韵用一个字标目,按次排列。在《佩文韵府》里,"寒"韵的次第排在上平十四位,故称"十四寒"。下文"十五删"表明"删"韵的次第排在上平十五位。

只见香菱兴兴头头地又往黛玉那边去了。探春笑道："咱们跟了去，看他有些意思没有。"说着，一齐都往潇湘馆来。只见黛玉正拿着诗和他讲究。众人因问黛玉，作得如何。黛玉道："自然算难为他了，只是还不好。这一首过于穿凿了，还得另作。"众人因要诗看时，只见作道：

> 非银非水映窗寒，试看晴空护玉盘。
> 淡淡梅花香欲染，丝丝柳带露初干。
> 只疑残粉涂金砌，恍若轻霜抹玉栏。
> 梦醒西楼人迹绝，余容犹可隔帘看。

宝钗笑道："不像吟月了，'月'字底下添一个'色'字倒还使得，你看，句句倒是月色。这也罢了，原来诗从胡说来。再迟几天就好了。"香菱自为这首妙绝，听如此说，自己扫了兴，不肯丢开手，便要思索起来。因见他姊妹们说笑，便自己走至阶前竹下闲步，挖心搜胆，耳不旁听，目不别视。一时探春隔窗笑说道："菱姑娘，你闲闲罢。"香菱怔怔答道："'闲'字是十五删的，你错了韵了。"众人听了，不觉大笑起来。宝钗道："可真是诗魔了。都是颦儿引的他！"黛玉道："圣人说，'诲人不倦'，他又来问我，我岂有不说之理。"李纨笑道："咱们拉了他，往四姑娘房里去，引他瞧瞧画儿，叫他醒一醒才好。"

说着，真个出来，拉了他过藕香榭，至暖香坞中。惜春正乏倦，在床上歪着睡午觉。画缯立在壁间①，用纱罩着。众人唤醒了惜春，揭纱看时，十停方有了三停。香菱见画上有几个美人，因指着笑道："这一个是我们姑娘，那一个是林姑娘。"探春笑道："凡会作诗的，都画在上头，快学罢。"说着，顽笑了一回。

各自散后，香菱满心中还是想诗。至晚间，对灯出了一回神，至三更以后，上床卧下，两眼鳏鳏②。直到五更方才朦胧睡去了。一时天亮，宝钗醒了，听了一听，他安稳睡了，心下想："他翻腾了一夜，不知可作成了？这会子乏了，且别叫他。"正想着，只听香菱从梦中笑道："可是有了！难道这一首还不好？"宝钗听了，又是可叹，又是可笑，连忙唤醒了他，问他："得了什么？你这诚心都通了仙了。学不成诗，还弄出病来呢。"一面说，一面

---

① 画缯（zēng）：有图绘的丝织品。
② 鳏：古书上说的一种大鱼。因鱼的眼从不闭上，所以比喻愁思不眠的人。

梳洗了，会同姊妹往贾母处来。原来香菱苦志学诗，精血诚聚，日间做不出，忽于梦中得了八句。梳洗已毕，便忙录出来。自己并不知好歹，便拿来又找黛玉。刚到沁芳亭，只见李纨与众姊妹方从王夫人处回来，宝钗正告诉他们，说他梦中作诗、说梦话。众人正笑，抬头见他来了，便都争着要诗看。

（选自《脂本汇校石头记》，作家出版社2003年版）

作品导读

曹雪芹（1715—1763），名霑，字梦阮，号雪芹，又号芹圃、芹溪。清朝小说家、诗人、画家。《红楼梦》是曹雪芹以自身亲历亲闻的生活为基础，以"真事隐去""假语村言"的方式书写而成，道尽了其人生经历与生命感悟。

本篇选自该书第四十八回。香菱本出身于姑苏士绅之家，家境殷实，母亲封氏性情贤淑、深明礼义，父亲甄士隐禀性恬淡、清雅，香菱为家中独女，深得宠爱。可惜四岁时被拐，后为薛蟠所抢。虽然命运多厄，但香菱仍然保留了浑融天真的气度神韵。为了展现她的性情与天赋，曹雪芹特意设计了"香菱学诗"这一情节。

香菱学诗堪称一个青春励志故事。她对诗词本是一知半解，随宝钗住进大观园后，看到众人吟诗赋词，心慕高雅，于是产生了学诗的想法。于是拜黛玉为师，终日苦读，日吟夜思，几近入迷。终于，功夫不负有心人，香菱终于悟出作诗的真谛。

香菱学诗是全书的一个插曲，但也是一个颇具匠心的安排。这个情节，一方面展现了香菱的性情与天赋，但也更加反衬出她命运的悲剧色彩；同时，这一过程也映照出大观园中众人的性格与思想；此外，作者还借助这个情节表达自己的诗学主张，提出学诗贵在真意趣、真性情、真精神，不应拘于格套的观点。

《红楼梦》一书中有许多诗词，这些诗作往往与故事情节融为一体，或体现各人的思想与性格，或暗伏人物的处境与宿命，阅读时需要细心品味，方能体会作者的用意。

《红楼梦》又名《石头记》，该书以贾史王薛四大家族的兴衰为背景，以贾府日常、闺阁闲情为脉络，描绘了一批才识卓越的闺阁女儿及其命运，是一部从各个角度展现中国古代社会世态百相以及人性美的史诗性著作。全书以"梦"始，以"梦"终，通篇蕴含出世思想，使小说渗透着人生如梦、世事无常的悲凉色彩。

《红楼梦》版本可分为120回"程本"和80回"脂本"两大系统。前80回与后40回在思想旨意、宝黛性格、艺术风格上均存在巨大差异，一般认为前80回代表了《红楼梦》的思想艺术成就，作者为曹雪芹，后40回作者尚有争议。

知识链接

心流体验

我们都有过沉迷于阅读或写作的经历，有时连别人叫我们都听不见；或者当我们在专心烹饪、和朋友谈心、在公园打球时，经常几个小时就在不知不觉中过去了。这些就是心流体验。

在心流状态中，我们享受着巅峰体验，同时也做出了巅峰表现：我们既感受到了快乐，又展现出最好的状态。运动员把这种情形称为"在状态"。无论我们在心流的境界里做什么，踢球也好，雕刻也好，写诗也好，学习也好，我们对于正在进行的事情采取的是一种全神贯注的态度，没有任何人或事可以打扰我们或是使我们分心。在这种最佳状态下，我们能够更有效地学习、成长、进步，并且向未来的目标迈进。

拥有清晰的目标是心流体验的前提。虽然目标有时会有所改变，但我们行进的方向是不能错的。当我们全心全力投入去实现目标，不为任何其他的诱惑所动摇时，我们才能获得心流体验。同时，当下以及未来的益处在这种状态下合二为一：遥远的目标不但不是阻力，反而可以帮助我们感受正在经历的意义。心流体验所带来的是更高层次的幸福，它把"一分耕耘，一分收获"变成了"现在的快乐即未来的成果"。

在心流体验中，我们不但可以发挥出最大的潜力，还可以享受过程中的快乐。如果想要达到这个境界，任务的挑战要难易适度。如果任务难度大而技能不足时，我们会感到焦虑；相反，如果技能高超而任务太简单时，我们就会感到乏味。只有当难度和技能匹配时，心流体验才有可能出现。

思考探究

1. 香菱学诗的过程可谓如痴如醉，十分投入。请找出原文中的相关描写，说说作者如何借助宝钗的评价来体现香菱的状态。
2. 香菱学诗能够成功的原因是什么？谈谈你的看法。

移动阅读

❶《红楼梦》(电视剧)：根据中国古典文学名著《红楼梦》改编的古装连续剧，于1987年播出，由王扶林导演，陈晓旭、欧阳奋强领衔主演，周汝昌等多位红学家参与制作。本剧前29集基本忠实于曹雪芹原著前80回，后7集部分剧情采用程高本后40回，部分情节根据脂批和红学探佚学研究成果进行修改与重新创作。本剧被誉为"中国电视史上的绝妙篇章"和"不可逾越的经典"。

❷《脂本汇校石头记》(曹雪芹、郑庆山)：《红楼梦》在流传过程中先后出现了十几个传世版本，可分为120回"程本"和80回"脂本"两大系统。本书采用现存最早的脂评抄本甲戌本、己卯本、庚辰本作为底本，其中第64回和第67回以列藏本做底本，校以其他10个抄本，综合汇勘而成，可谓十分接近曹雪芹原作的一个读本。

> 我们时常感叹光阴易逝，每当我们回首往昔，总会惊讶于那些看似漫长却又短暂的岁月是如何悄无声息地溜走的。陶渊明也曾说："盛年不重来，一日难再晨。及时当勉励，岁月不待人。"既然时间留不住，我们唯一能做的，就是珍惜当下的每一分、每一秒。在忙碌的生活中寻找属于自己的节奏，感受每一天的美好，体验每一次的感动，享受每一段的生命旅程。不再只是对逝去的时间感到惋惜，而是更加用心地去生活，用行动去证明。即使时间留不住，我们依然可以在它的流逝中留下属于自己的印记。

时间怎样地行走

迟子建

时间是一条河，不要坐在它的岸边，看它流逝。

——题记

墙上的挂钟，曾是我童年最爱的一道风景。我对它有一种说不出的崇拜，因为它掌管着时间，我们的作息似乎都受着它的支配。

到了指定的时间，我们得起床上学，我们得做课间操，我们得被父母吆喝着去睡觉。虽然说有的时候我们还没睡够不想起床，在户外的月光下还没有戏耍够不想回屋睡觉，却都必须因为时间的关系而听从父母的吩咐。他们理直气壮呵斥我们的话与挂钟息息相关："都几点了，还不起床！"要么就是："都几点了，还在外面疯玩，快睡觉去！"这时候，我觉得挂钟就是一个拿着烟袋锅磕着我们脑门的狠心的老头，又凶又倔，真想把它给掀翻在地，让它永远不能再行走。在我的想象中，时间就是一个看不见形影的家长，严厉而古板。

我那时天真地以为时间是被一双神秘的大手给放在挂钟里的，从来不认为那是机械的产物。它每时每刻地行走着，走得不慌不忙，气定神凝。不会因为贪恋窗外鸟语花香的美景而放慢脚步，也不会因为北风肆虐、大雪纷飞而加快脚步。它的脚是世界上最能禁得起诱惑的脚，从来都是循着固定的轨迹行走。

我上初中以后，手表就比较普及了。我看见时间躲在一个小小的圆盘里，在我们手腕上跳舞。它跳得静悄悄的，不像墙上的挂钟，行进得那么清脆悦耳，"滴答——滴答——"的声音不绝于耳。手表里的时间给我一种鬼鬼祟祟的感觉，从这里走出来的时间因为没有声色，而少了几分气势。这样的时间仿佛也没了威严，不值得尊重。所以明明到了上课时间，我还会磨蹭一两分钟再进教室，手表里的时间也就因此显得有些落寞。

后来，生活变得丰富多彩了，时间栖身的地方就多了。项链坠可以隐藏着时间，让时间和心脏一起跳动；台历上镶嵌着时间，时间和日子交相辉映；至于计算机和手提电话，只要我们一打开它们，率先映入眼帘的就有时间。时间如繁星一样到处闪烁着，它越来越多，也就越来越显得匆匆了。

十几年前的一天，我在北京第一次发现了时间的痕迹。我在梳头时发现了一根白发，它在清晨的曙光中像一道明丽的雪线一样刺痛了我的眼睛。我知道时间其实一直悄悄地躲在我的头发里行走，只不过它这一次露出了痕迹而已。我还看见，时间在母亲的口腔里行走，她的牙齿脱落得越来越多。我明白时间让花朵绽放的时候，也会让人的眼角绽放出花朵——鱼尾纹。时间让一棵青春的小树越来越枝繁叶茂，让车轮的辐条越来越沾染上锈迹，让一座老屋逐渐地驼了背。时间还会变戏法，它能让一个活生生的人瞬间消失在他们曾为之辛勤劳作过的土地上，我的祖父、外祖父和父亲，就让时间给无声地接走了，再也看不到他们的脚印，只能在清冷的梦中见到他们依稀的身影。他们不在了，可时间还在，它总是持之以恒、激情澎湃地行走着——在我们看不到的角落，在我们不经意走过的地方，在日月星辰中，在梦中。

我终于明白挂钟上的时间和手表里的时间只是时间的一个表象而已，它存在于更丰富的日常生活中——在涨了又枯的河流中，在小孩子戏耍的笑声中，在花开花落中，在候鸟的一次次迁徙中，在我们岁岁不同的脸庞中，在桌子椅子不断新添的划痕中，在一个人的声音由清脆而变得沙哑的过程中，在一场接着一场去了又来的寒冷和飞雪中。只要我们在行走，时间就会行走。我们和时间是一对伴侣，相依相偎着，不朽的它会在我们不知不觉间，引领着我们一直走到地老天荒。

（选自《也是冬天，也是春天》，长江文艺出版社2023年版）

作品导读

迟子建，1964年出生于黑龙江省漠河市。1983年，开始文学创作。1996年，凭借《雾月牛栏》获得首届鲁迅文学奖。

迟子建的作品语言简洁凝练，颇有韵味，给人一种诗意的美感。在本文中，作者跟随时间的线索，追寻时间的痕迹。在迟子建的笔下时间变得很具象：童年时，挂钟让人既崇拜又害怕；中学时，时间藏在手表里，静悄悄的，没有威严；后来，时间栖身在越来越多的地方，却总是匆匆而过；再后来，时间出现在白发里。作者恍然发现，原来时间一直存在于丰富的日常生活中。虽然花朵的枯萎、青春的凋零、车轮的锈迹都让人们深感时间的无情和不可抗拒，但也不禁让人们重新审视自己对待时间的态度，更加珍视当下的每一刻。

迟子建
（1964至今）

迟子建是中国当代杰出的女作家。2009年，凭借长篇小说《额尔古纳河右岸》获得第七届茅盾文学奖。

知识链接

名家笔下的时间

一岁将尽，便进入一种此间特有的气氛中。平日里奔波忙碌，只觉得时间的紧迫，很难感受到"时光"的存在。时间属于现实，时光属于人生。

然而到了年终时分，时光的感觉乍然出现。它短促、有限、性急，你在后边追它，却始终抓不到它飘举的衣袂。它飞也似的向着年的终点扎去。等到你真的将它超越，年已经过去，那一大片时光便留在过往不复的岁月里了。

——《时光》（冯骥才）

时间过得飞快，使我的小心眼里不只是着急，还有悲伤。有一天我放学回家，看到太阳快落山了，就下决心说："我要比太阳更快地回家。"我狂奔回去，站在庭院里喘气的时候，看到太阳还露着半边脸，我高兴地跳起来。那一天我跑赢了太阳。

以后我常做这样的游戏，有时和太阳赛跑，有时和西北风比赛，有时一个暑假的作业，我十天就做完了。那时我三年级，常把哥哥五年级的作业拿来做。每一次比赛胜过时间，我就快乐得不知道怎么形容。

后来的二十年里，我因此受益无穷。虽然我知道人永远跑不过时间，但是可以比原来跑快一步，如果加把劲，有时可以快好几步。那几步虽然很小很小，用途却很大很大。

——《和时间赛跑》（林清玄）

思考探究

❶ 著名作家苏童评价迟子建"始终用一种极具温情的眼光看待世界",结合本文谈谈你的看法。

❷ 简要分析作者是如何把时间写得真切可感的,并仿照作者的写法,写出在你的生活中时间是怎样留下痕迹的。

❸ 请结合本课所学,谈谈如何更好地珍惜、利用时间。

移动阅读

❶《额尔古纳河右岸》(迟子建):迟子建凭借该部作品获得第七届茅盾文学奖。小说以一位年届九旬的鄂温克族最后一位酋长女人的自述口吻,讲述了一个弱小民族顽强的抗争和优美的爱情。小说语言精妙,以简约之美写活了一群鲜为人知、有血有肉的鄂温克人。

❷《和时间做朋友》(李泽文):如何利用好时间,对时间进行高效管理,是每一个人生命中的必修课。本书以通俗简洁的语言,从提高效率、顺序规划、态度确立等6大步骤讲述时间管理的秘诀,介绍分析了被全球诸多成功人士运用的11种时间管理方法,为读者提供如何分解工作目标、区分重要事情和次要事情、列出任务清单等实操方法。

马克·吐温说过，19世纪有两个奇人，一个是拿破仑，一个是海伦·凯勒。身残志坚的海伦·凯勒以她卓越的人格和极富感染力的作品，影响了一代又一代人。都说"眼睛是心灵的窗户"，而当海伦的"这扇窗户"被无情地关闭后，她用自身的坚韧不拔与勇气传达了对生活的热爱和对困境的无畏挑战。在她的代表作《假如给我三天光明》中，她用无比热忱的笔调，写下了她对生命、对时光的珍惜。

假如给我三天光明[①]

[美] 海伦·凯特

第一天

第一天，我要看人，他们的善良、温厚与友谊使我的生活值得一过。首先，我希望长久地凝视我亲爱的老师，安妮·莎莉文·梅西太太的面庞，当我还是个孩子的时候，她就来到了我面前，为我打开了外面的世界。我将不仅要看到她的面庞的轮廓，以便我能够将它珍藏在我的记忆中，而且还要研究她的容貌，发现她出自同情心的温柔和耐心的生动迹象，她正是以此来完成教育我的艰巨任务的。我希望从她的眼睛里看到能使她在困难面前站得稳的坚强性格，并且看到她那经常向我流露的、对于全人类的同情。

我不知道什么是透过"灵魂之窗"，即从眼睛看到朋友的内心。我只能用手指尖来"看"一个脸的轮廓。我能够发觉欢笑、悲哀和其他许多明显的情感。我是从感觉朋友的脸来认识他们的。但是，我不能靠触摸来真正描绘他们的个性。当然，通过其他方法，通过他们向我表达的思想，通过他们向我显示出的任何动作，我对他们的个性也有所了解。但是我却不能对他们有更深的理解，而那种理解，我相信，通过看见他们，通过观看他们对种种被表达的思想和境况的反应，通过注意他们的眼神和脸色的反应，是可以获得的。

我身旁的朋友，我了解得很清楚，因为经过长年累月，他们已经将自己的各个方面揭示给了我；然而，对于偶然的朋友，我只有一个不完全的印象。这个印象还是从一次握手中，从我通过手指尖理解他们的嘴唇发出的字句中，或从他们手掌的轻轻划写中获得来的。

---

① 本文为节选。

你们有视觉的人，可以通过观察对方微妙的面部表情，肌肉的颤动，手势的摇摆，迅速领悟对方所表达的意思的实质，这该是多么容易，多么令人心满意足啊！但是，你们可曾想到用你们的视觉，抓住一个面部的外表特征，来透视一个朋友或者熟人的内心吗？

我还想问你们：能准确地描绘出五位好朋友的面容吗？你们有些人能够，但是很多人不能够。有过一次实验，我询问那些丈夫们，关于他们妻子眼睛的颜色，他们常常显得困窘，供认他们不知道。顺便说一下，妻子们还总是经常抱怨丈夫不注意自己的新服装、新帽子的颜色，以及家内摆设的变化。

有视觉的人，他们的眼睛不久便习惯了周围事物的常规，他们实际上仅仅注意令人惊奇的和壮观的事物。然而，即使他们观看最壮丽的景观，眼睛都是懒洋洋的。法庭的记录每天都透露出"目击者"看得多么不准确。某一事件会被几个见证人以几种不同的方式"看见"。有的人比别人看得更多，但没有几个人看见他们视线以内的一切事物。

啊，如果给我三天光明，我会看见多少东西啊！

第一天，将会是忙碌的一天。我将把我所有亲爱的朋友叫来，长久地望着他们的脸，把他们内在美的外部迹象铭刻在我的心中。我也将会把目光停留在一个婴儿的脸上，以便能够捕捉到在生活冲突所致的个人意识尚未建立之前的那种渴望的、天真无邪的美。

我还将看看我的小狗们忠实信赖的眼睛——庄重、宁静的小司格梯、达吉，还有健壮而又懂事的大德恩，以及黑尔格，它们的热情、幼稚而顽皮的友谊，使我获得了很大的安慰。

在忙碌的第一天，我还将观察一下我的房间里简单的小东西，我要看看我脚下的小地毯的温暖颜色，墙壁上的画，将房子变成一个家的那些亲切的小玩意。我的目光将会崇敬地落在我读过的盲文书籍上，然而那些能看的人们所读的印刷字体的书籍，会使我更加感兴趣。在我一生漫长的黑夜里，我读过的和人们读给我听的那些书，已经成了一座辉煌的巨大灯塔，为我指示出了人生及心灵的最深的航道。

在能看见的第一天下午，我将来到森林里进行一次远足，让我的眼睛陶醉在自然界的美丽之中，在几小时内，拼命吸取那经常展现在正常视力人面前的光辉灿烂的广阔奇观。自森林郊游返回的途中，我要走在农庄附近的小路上，以便看看在田野耕作的马（也许我只能看见一台拖拉机），看看紧靠着土地过活的悠然自得的人们，我将为光艳动人的落日奇景而祈祷。

当黄昏降临，我将由于凭借人为的光明看见外物而感喜悦，当大自然宣告黑暗到来时，人类天才地创造了灯光，来延伸他的视力。在第一个有视觉的夜晚，我将睡不着，心中充满对于这一天的回忆。

第二天

有视觉的第二天，我要在黎明起身，去看黑夜变为白昼的动人奇迹。我将怀着敬畏之心，仰望壮丽的曙光全景，与此同时，太阳唤醒了沉睡的大地。

这一天，我将向世界，向过去和现在的世界匆忙瞥一眼。我想看看人类进步的奇观，那变化无穷的万古千年。这么多的年代，怎么能被压缩成一天呢？当然是通过博物馆。我常常参观纽约自然博物馆，用手摸一摸那里展出的许多展品，但我曾经渴望亲眼看看地球的简史和陈列在那里的地球上的居民——按照自然环境描画的动物和人类，巨大的恐龙和剑齿象的化石，早在人类出现并以他矮小的身材和有力的头脑征服了动物王国以前，它们就漫游在地球上了；博物馆还逼真地介绍了动物、人类，以及劳动工具的发展经过，人类使用这些工具，在这个行星上为自己创造了安全牢固的家；博物馆还介绍了自然史的其他无数方面。

我不知道，有多少文本的读者看到过那个吸引人的博物馆里所描绘的活着的动物园的形形色色的样子。当然，许多人没有这个机会，但是，我相信许多有机会的人没有利用它。在那里确实是使用你眼睛的好地方。有视觉的你可以在那里度过许多受益匪浅的日子，然而我，借助于想象中的能看见的三天，仅能匆匆一瞥而过。

我的下一站将是首都艺术博物馆，因为它正像自然史博物馆显示了世界的物质外观那样，首都艺术博物馆显示了人类精神的无数个小侧面。在整个人类历史阶段，人类对于艺术表现的强烈欲望几乎像对待食物、藏身处，以及生育繁殖一样迫切。在这里，在首都艺术博物馆巨大的展览厅里，埃及、希腊、罗马的精神在它们的艺术中表现出来，展现在我面前。

我通过手清楚地知道了古代尼罗河国度的诸神和女神。我抚摸了巴台农神庙复制品，感到了雅典冲锋战士有韵律的美。阿波罗、维纳斯，以及比翼胜利之神莎莫瑞丝都使我爱不释手。荷马的那幅多瘤有须的面容对我来说是极其珍贵的，因为他也懂得什么叫失明。我的手依依不舍地留恋罗马及后期的逼真的大理石雕刻，我的手抚摸遍了米开朗基罗的感人的英勇的摩西石雕像，我感知到罗丹的力量，我敬畏哥特人对于木刻的虔诚。这些能够触摸的艺术品对我来讲，是极有意义的，然而，与其说它们是供人触摸的，毋宁说它们是供人观赏的，而我只能猜测那种我看不见的美。我能欣赏希腊花瓶的简朴的线条，但它的那些图案装饰我却看不到。

因此，这一天，给光明的第二天，我将通过艺术来搜寻人类的灵魂。我会看见那些我凭借触摸所知道的东西。更妙的是，整个壮丽的绘画世界将向我打开，从富有宁静的宗教色彩的意大利早期艺术及至带有狂想风格的现代派艺术。我将细心地观察拉斐尔、达·芬奇、提香、伦勃朗的油画。我要饱览维洛内萨的温暖色彩,研究艾尔·格列科的奥妙,从科罗的绘画中重新观察大自然。啊,你们有眼睛的人们竟能欣赏到历代艺术中这么丰富的意味和美!在我对这个艺术神殿的短暂的浏览中,我一点儿也不能评论展开在我面前的那个伟大的艺术世界,我将只能得到一个肤浅的印象。艺术家们告诉我,为了达到真正而深刻的艺术欣赏,一个人必须训练眼睛。一个人必须通过经验学习判断线条、构图、形式和颜色的品质优劣。假如我有视觉从事这么使人着迷的研究,该是多么幸福啊!但是,我听说,对于你们有眼睛的许多人,艺术世界仍是个有待进一步探索的世界。

我十分勉强地离开了首都艺术博物馆,它装纳着美的钥匙。但是,看得见的人们往往并不需要到首都艺术博物馆去寻找这把美的钥匙。同样的钥匙还在较小的博物馆中甚或在小图书馆书架上等待着。但是,在我假想的有视觉的有限时间里,我应当挑选一把钥匙,能在最短的时间内去开启藏有最大宝藏的地方。

我重见光明的第二晚,我要在剧院或电影院里度过。即使现在我也常常出席剧场的各种各样的演出,但是,剧情必须由一位同伴拼写在我的手上。然而,我多么想亲眼看看哈姆雷特迷人的风采,或者穿着伊丽莎白时代鲜艳服饰的生气勃勃的弗尔斯塔夫!我多么想注视哈姆雷特的每一个优雅的动作,注视精神饱满的弗尔斯塔夫的大摇大摆!因为我只能看一场戏,这就使我感到非常为难,因为还有数十幕我想要看的戏剧。

你们有视觉,能看到你们喜爱的任何一幕戏。当你们观看一幕戏剧、一部电影或者任何一个场面时,我不知道,究竟有多少人对于使你们享受它的色彩、优美和动作的视觉的奇迹有所认识,并怀有感激之情呢?由于我生活在一个限于手触的范围里,我不能享受有节奏的动作美。但我只能模糊地想象一下巴芙洛娃的优美,虽然我知道一点律动的快感,因为我常常能在音乐震动地板时感觉到它的节拍。我能充分想象那有韵律的动作,一定是世界上最令人悦目的一种景象。我用手指抚摸大理石雕像的线条,就能够推断出几分。如果这种静态美都能那么可爱,看到的动态美一定更加令人激动。我最珍贵的回忆之一就是,约瑟·杰弗逊让我在他又说又做地表演他所爱的里卜·万·温克时去摸他的脸庞和双手。

我多少能体会到一点戏剧世界,我永远不会忘记那一瞬间的快乐。但是,我多少渴望观看和倾听戏剧表演进行中对白和动作的相互作用啊!而你们看得见的人该能从中得到多少快乐啊!如果我能看到仅仅一场戏,我就会知道怎样在心中描绘出我用盲文字母读到或了解到的近百部戏剧的情节。所以,在我虚构的重见光明的第二晚,我没有睡成,整晚都在欣赏戏剧文学。

第三天

　　下一天清晨，我将再一次迎接黎明，急于寻找新的喜悦，因为我相信，对于那些真正看得见的人，每天的黎明一定是一个永远重复的新的美景。依据我虚构的奇迹的期限，这将是我有视觉的第三天，也是最后一天。我将没有时间花费在遗憾和热望中，因为有太多的东西要去看。第一天，我奉献给了我有生命和无生命的朋友。第二天，向我显示了人与自然的历史。今天，我将在当前的日常世界中度过，到为生活奔忙的人们经常去的地方去，而哪儿能像纽约一样找得到人们那么多的活动和那么多的状况呢？所以城市成了我的目的地。

　　我从我的家，长岛的佛拉斯特小而安静的郊区出发。这里，环绕着绿色草地、树木和鲜花，有着整洁的小房子，到处是妇女儿童快乐的声音和活动，非常幸福，是城里劳动人民安谧的憩息地。我驱车驶过跨越伊斯特河上的钢制带状桥梁，对人脑的力量和独创性有了一个崭新的印象。忙碌的船只在河中嘎嘎急驶——高速飞驶的小艇，慢悠悠、喷着鼻的拖船。如果我今后还有看得见的日子，我要用许多时光来眺望这河中令人欢快的景象。我向前眺望，我的前面耸立着纽约——一个仿佛从神话的书页中搬下来的城市的奇异高楼。多么令人敬畏的建筑啊！这些灿烂的教堂塔尖，这些辽阔的古彻钢筑的河堤坡岸——真像诸神为他们自己修建的一般。这幅生动的画面是几百万人民每天生活的一部分。我不知道，有多少人会对它回头投去一瞥？只怕寥寥无几。对这个壮丽的景色，他们视而不见，因为这一切对他们太熟悉了。

　　我匆匆赶到那些庞大的建筑物之一——帝国大厦的顶端，因为不久以前，我在那里凭借我秘书的眼睛"俯视"过这座城市，我渴望把我的想象同现实作一比较。我相信，展现我面前的全部景色一定不会令我失望，因为它对我讲另一个世界的景象。此时，我开始周游这座城市。首先，我站在繁华的街角，只看看人，试图凭借对他们的观察去了解一下他们的生活。看到他们的笑颜，我感到快乐；看到他们的严肃的决定，我感到骄傲；看到他们痛苦，我不禁充满同情。

　　我沿着第五大街散步。我漫然四顾，眼光并投向某一特殊目标，而只看看万花筒般五光十色的景象。我确信，那些活动在人群中的妇女的服装色彩一定是一幅绝不令我厌烦的华丽景色。然而如果我有视觉的话，我也许会像大多数妇女一样——对个别服装的时髦式样感兴趣，而对大量的灿烂色彩不怎么注意。而且我还确信，我将成为一位习惯难改的橱窗顾客，因为，观赏这些无数精美的陈列品一定是一种眼福。

　　从第五大街起，我作一番环城浏览——到公园大道去，到贫民窟去，到工厂去，到孩子们玩耍的公园去，我还将参观外国人居住区，进行一次不出门的海外旅行。我始终睁大眼睛注视幸福和悲惨的全部景象，以便能够深入调查，进一步了解人们是怎样工作和生活的。

我的心充满了人和物的形象。我的眼睛决不轻易放过一件小事，它争取密切关注它所看到的每一件事物。有些景象令人愉快，使人陶醉；但是有些则是极其凄惨，令人伤感。对于后者，我绝不闭上我的双眼，因为它也是生活的一部分。在它们面前闭上双眼，就等于关闭了心房，关闭了思想。

我有视觉的第三天即将结束了。也许有很多的重要而严肃的事情，需要利用这剩下的时间去看，去做。但是，我担心在最后一个夜晚，我还会再次跑到剧院去，看一场热闹而有趣的戏剧，好领略一下人类心灵中的谐音。

到了午夜，我摆脱了盲人苦境的短暂时刻就要结束了，永久的黑夜将再次向我迫近。在那短短的三天，我自然不能看到我想要看到的一切。只有在黑暗再次向我袭来之时，我才感到我丢下了多少东西没有见到。然而，我的内心充满了甜蜜的回忆，使我很少有时间来懊悔。此后，我摸索到每一件物品，我的记忆都将鲜明地反映出那件物品是个什么样子。

我的这一番如何度过重见光明的三天简述，也许与你假设知道自己即将失明而为自己所做的安排不相一致。可是，我相信，假如你真的面临那种厄运，你的目光将会尽量投向以前从未曾见过的事物，并将它们储存在记忆中，为今后漫长的黑夜所用。你将比以往更好地利用自己的眼睛。你所看到的每一件东西，对你都是那么珍贵，你的目光将饱览那出现在你视线之内的每一件物品。然后，你将真正看到，一个美的世界在你面前展开。

失明的我可以给那些看得见的人们一个提示——对那些能够充分利用天赋视觉的人们一个忠告：善用你的眼睛吧，犹如明天你将遭到失明的灾难。同样的方法也可以应用于其他感官。聆听乐曲的妙音，鸟儿的歌唱，管弦乐队的雄浑而铿锵有力的曲调吧，犹如明天你将遭遇耳聋的厄运。抚摸每一件你想要抚摸的物品吧，犹如明天你的触觉将会衰退。嗅闻所有鲜花的芳香，品尝每一口佳肴吧，犹如明天你再不能嗅闻品尝。充分利用每一个感官，通过自然给予你的几种接触手段，为世界向你显示的所有愉快而美好的细节而自豪吧！不过，在所有感官中，我相信，视觉一定是最令人赏心悦目的。

（选自《假如给我三天光明》，中国文联出版社2015年版）

📖 作品导读

海伦·凯勒（以下简称"海伦"）19个月的时候，因一场高烧失去了视觉、听觉和发音能力。在她人生陷入绝望之际，遇到了安妮·莎莉文·梅西（以下简称"安妮"）老师。在老师的耐心教育、陪伴下，海伦慢慢地学会了说话、识字，还掌握了英、法、德、拉丁、希腊5种语言。

本文节选自海伦·凯勒自传性质的散文集《假如给我三天光明》。书中采用了白描的手法，系统而完整地介绍了自己丰富、生动、真实而伟大的一生。书中展示了海伦·凯勒坚强的生命意识、有预见性的灾难意识和独特的女性视角，也传递出感恩生活、热爱生命等积极的世界观、人生观和价值观。

选文详细描述了作者的设想：如果自己拥有三天光明会如何度过。她希望在这假想的三天时间里，能看见自己的老师、朋友；能去参观自然史和艺术博物馆；能看看纽约城市和日常世界。她想看到的，是那些平常但又珍贵的事物：人们的善良、世界的美景、生活的点点滴滴。这些设想，表现了她对人性的关注、对大自然的热爱和对艺术及人类精神世界的探索。她还以自己的痛苦经历和美好渴望，劝诫世人珍惜光明、珍惜光阴，更要珍惜生命、珍惜造物主赐予的一切。

海伦·凯勒
（1880—1968）

海伦·凯勒，美国当代女作家、教育家、作家、慈善家和社会活动家。1965年，她被推选为世界十大杰出妇女。

💭 知识链接

身残志坚的楷模

1. 史铁生

史铁生17岁中学未毕业就去了陕西一个极偏僻的小山村插队。一次在山沟里放牛突遇大雨，他遍身被淋透后开始发高烧，后来双腿不能走路，回到北京后被诊断为"多发性硬化症"，双腿高位截瘫。20岁便开始了他轮椅上的人生。

在最生龙活虎的20岁青春年华里，突然没了双腿，史铁生的脾气变得阴郁无比且喜怒无常。他一直以为自己是世上最不幸的人，总是对母亲发脾气。更为不幸的是肝病夺去了一直陪伴在身边的母亲的生命,母亲猝然地离开仿佛一记闷棍将史铁生敲醒。后来,他用纸笔在报刊上碰撞出一条小路。当他被生活的荆棘刺得满心疼痛时,他没有沉沦,而是勇敢地抬头,他看到母亲的眼神是荆棘上开出的美丽花朵,在陪伴他一路前行。

2. 张海迪

张海迪5岁时高位截瘫,致残后在病床上艰苦自学,翻译和创作了多部作品。虽然肢体残疾,但是在本职岗位和社会工作中自强不息,以满腔的热忱和高尚的品格服务社会,奉献人民,在广大人民群众中有很高的声誉和威望,是中国残疾人的杰出代表。担任中国残疾人联合会主席后,她全心全意帮助残疾人康复、上学、就业、脱贫,为残疾人过上美好生活而奋斗。

思考探究

❶ 请列出作者在这三天里的行程安排,简要分析为什么做这样的安排。
❷ 综合海伦三天的主要活动,能看出她内心具有怎样的精神品质?
❸ 海伦·凯勒的故事给了你什么启示?

移动阅读

❶ **奇迹的缔造者**(电影):海伦自幼便没有视力和听力,自然也不通语言,一直以来,她都在黑暗里过着与世隔绝的生活。由于无法发泄内心的痛苦和孤独,海伦只能不停地折磨着照顾她、爱护她的父母。为了避免海伦被送往孤儿院,母亲凯特请来了一位家庭教师——安妮,希望能够教会海伦和缺陷和平共处的方法。一开始,海伦根本就不接受安妮的教诲。在安妮的一再坚持下,凯特和丈夫同意让安妮和海伦进行只有两个人的单独授课,但时间只有两周。也正是在这两周里,安妮渐渐改变了海伦的一生。

❷ **《你想活出怎样的人生》**(吉野源三郎):这本书通过一位15岁的少年小伙白尼的成长故事和他舅舅的书信,探索了友情、贫富、歧视、霸凌、人与社会、勇气等话题,向读者传达了一个重要的信息:人真正的价值并不在于穿着、住宅和食物,而在于人的内在品质和修养。通过这些故事,它想传达给读者这样的信念——无论时代如何苦难、残酷,都要活出自己的人生。

实践活动

传统文化是一种反映民族特质和风貌的文化，是各种思想文化、观念形式的综合表现。将传统文化、文学作品中的相关元素应用到文创产品设计中，能提升产品的品位。

请以小组为单位，选择一些能够体现传统文化的文学作品，从中提炼出可以应用到文创产品设计中的元素并进行产品设计。

❶ 成立项目组，讨论、分工。
❷ 提炼元素，进行设计、创作。
❸ 展示作品。

通过活动，我们可以尝试更好地继承中华优秀传统文化，将其创意化、产品化、生活化。

西汉铭文：见日之光，长乐未央

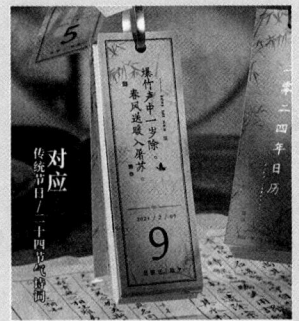
诗词日历/书签

附录
职场拓展

计 划

计划是机关单位、团体或个人,将未来一定时期要做的工作或任务的具体内容和步骤用文字有条理地表述出来的一种文书,如《2024年××公司销售工作计划》。计划对相关人员的工作和学习有指导和督促作用,有利于提高自觉性,减少盲目性,避免被动性,使各项工作有条不紊地进行。

计划是一个统称,凡是对未来工作和任务所作的打算和安排,都可称为计划。如日常工作中常见的"规划""纲要""设想""方案""安排""要点"等,都属于计划这一文种。它们之间的区别只在于计划时间长短、范围大小、内容详略等方面有所不同。

一、计划的特点

1. 科学性

制订计划必须在调查研究和科学分析的前提下进行,依据本地区、本部门、本单位或本人的实际情况来确定具体的目标、要求、工作步骤和完成时间,做到既先进又稳妥,既细致积极又留有余地。

2. 预想性

计划是对未来工作所作的部署和安排,它的制订是在工作开展之前,因此,计划提出的目标、要求、具体步骤和完成时间等都带有预想性。虽然计划是经过对上阶段情况的调查研究之后制订的,但是事情有时会出人意料,因而在制订计划时要留有余地,以便事中根据情况变化对计划作修改和补充。

3. 目标性

目标是计划的核心,计划的要求、工作步骤、实现时间等都是紧紧围绕着既定目标来安排和筹划的,目标性也是计划的主要特征之一。

4. 实践性

计划是在实践中接受检验,在实践中发挥作用的,因此,计划的制订体现了较强的实践性。无论是目标的确定或步骤、措施、要求、时间进度等的表述,都应写得非常具体和细致,这些都是为了便于付诸实践。

二、计划的分类

根据不同的划分标准，计划的分类情况不同。

按范围可分为国家计划、系统计划、部门计划、单位计划、个人计划等。

按内容可分为工作计划、学习计划、教学计划、财务计划等。

按时间可分为长期计划、短期计划，其中短期计划包括年度计划、季度计划、月份计划，而长期计划通常指三年以上的计划。

按性质可分为综合计划和专题计划。

按效力可分为指令性计划和指导性计划。

按文种可分为规划、纲要、意见、设想、方案、安排、打算、要点等。

三、计划的结构与写法

计划通常包括标题、正文和落款三部分。

（一）标题

计划的标题又叫计划名称。常见的标题写法有以下几种。

（1）"单位名称+计划期限+计划内容+文种"，如《××公司2024年生产经营和流动资金需求计划》。

（2）"计划期限+计划内容+文种"，如《2024年党建工作要点》。

（3）"单位名称+计划内容+文种"，如《××公司营销方案》。

（4）"计划内容+文种"，如《房地产市场秩序专项整治工作方案》。

确定标题时，应根据计划内容和有关情况正确选用文种。对于尚未讨论通过的计划，应在标题后用括号标明"征求意见稿""初稿""草案""讨论稿"字样。

（二）正文

计划的正文通常包括前言、主体和结尾三部分。

1. 前言

前言部分主要阐明计划的背景、目的、指导思想、基本情况或有关政策及上级指示精神，即回答"为什么做"的问题。这部分常用"为了……""根据……"来引入计划缘由或依据，前言结尾常用"现制订……""为此制订……"来领起下文，转入正文的主体部分。

2. 主体

这部分主要说明计划的三个要素，即计划目标、计划措施和计划要求，也就是回答"做什么""怎么做""何时做完"或"做得怎样"的问题。

计划目标。或称计划任务，是计划的核心，一定要写进计划中。一般先写总体目标，再写具体任务和指标。有时也可在目标提出之前对现状或形势作简要分析。

计划措施。计划措施是实现目标和任务的具体做法，包括程序步骤，时间安排、人力、财力、物力等的配备。一些较大规模的计划通常只制定原则性的措施，具体的实施步骤方法由实施者根据实际情况制定。

计划要求。这部分主要是质量（达到什么水平）、时间（什么时候完成）、数量（达到什么指标）的要求。有的计划将这部分单独列写，也有的计划将这部分与目标任务结合起来写，还有的计划将其与措施结合起来写。

计划正文的结构形式有文件式、条款式、表格式、综合式等。但不论采用哪种形式，都应包括计划的三个要素，表达力求简洁明快。

3. 结尾

结尾部分可提出希望，发出号召，或补充说明问题或附件，也可视情况不写这部分。

（三）落款

计划写完后，应在正文右下角写明单位名称和制订日期。如果标题中已标明单位名称，则可省略署名，写明制订日期即可。

四、计划的写作要求

1. 从实际出发

计划的制订要符合党和国家的有关政策方针，从实际出发，做好调查研究，实事求是。目标既不能定得过高，也不能过低。目标过高，无法实现，打击积极性；目标过低，起不到激励的作用。

2. 突出重点

制订计划，要分清任务的主次缓急，以此来安排工作的程序，突出工作的中心和重点。

3. 具体明确

计划的目标、措施、步骤、要求、负责人和时间安排等都应写得具体、明确，以便于实施执行和检查，切忌抽象笼统、含糊不清、模棱两可。

五、计划格式模板

文件式计划格式模板

写作要点	文体模板
1. 标题 由单位名称、计划、内容、文种三个要素构成 2. 正文 首段交代制订计划的目的、依据，然后用一句过渡句引入下文 再写计划的目标任务、措施与步骤。可加小标题，分条分项写作 3. 结尾 如标题中未出现单位名称，在文末则要写上制订计划的单位名称与日期	_____ 计划 _____ _____， 特制订如下计划： 一、目标任务 _____ _____ 二、措施与步骤 措施：_____ _____ 步骤： 1. _____ 2. _____ 3. _____ 三、其他事项 _____ （单位名称） 20××年××月××日

总　结

总结是单位或个人对某一阶段已完成的工作或活动进行回顾与分析，从中积累经验、吸取教训，用以指导今后工作的常用事务文书。

根据不同的标准，总结有不同的分类：按性质分，可分为综合总结和专题总结；按时间分，可分为月份总结、季度总结、年度总结、学期总结、学年总结等；按内容分，可分为工作总结、学习总结、生产总结、教学总结等；按作者分，可分为个人总结和单位总结。

一、总结的特点

1. 回顾性

总结是参照计划对过去实践活动的检查、反思与评价。回顾是总结的基础，通过回顾，可以掌握基本情况、肯定取得成绩、发现存在问题，从而找出规律性的内容。

2. 典型性

总结是在广泛搜集材料的基础上进行的综合整理、分析与研究。总结不是罗列过去的活动，而是要选取典型的材料，并从理论的高度重新梳理与认识。

3. 鉴戒性

总结的目的在于借鉴经验、吸取教训，以便指导今后的工作和活动。对于经验，应加以借鉴并继续发扬；对于教训，应引以为戒，避免重蹈覆辙。

二、总结的结构与写法

总结一般由标题、正文和落款三部分构成。

（一）标题

总结的标题有多种写法，最常见的有以下三种。

一是公文式的标题，一般由单位名称、时间期限、内容和文种构成，通常用于工作总结。表达方式可以是"单位名称+时间期限+总结内容+文种"，如《××市教育局2023年教育工作总结》；也可以是"时间期限+总结内容+文种"，如《第三季度销售工作总结》；还可以是"总结内容+文种"，如《督导工作总结》。

二是专题式标题，即以主要内容或基本观点作标题，不出现总结字样，但对总结内容有提示作用，多用于经验总结，如《全面加强党建 创建一流银行》。

三是双行式标题，即正副标题相结合，正标题概括主要内容或揭示观点，副标题点明单位、期限、内容和文种，如《抓改革 促管理 增效益——××纺织厂2023年财务工作总结》。

（二）正文

总结的正文包括前言和主体两部分。

1. 前言

用简要的语言概述总结的内容、目的和背景，包括概述式（概括介绍基本情况，如背景、时间、地点、基本做法、主要经验或体会等），结论式（开门见山点出结论），提问式（提出问题引起读者的注意）等。

2. 主体

总结的核心部分。可按主体内容纵向所做的工作、方法、成绩、经验、教训等逐层展开，或按材料的逻辑关系将其分成若干部分，标序加题，逐一写来。常用的形式有贯通式、小标题式、序数式三种：贯通式适用于篇幅短小、内容单纯的总结，它像一篇短文，全文之中无须用外部标志来显示层次；小标题式将主体分为若干层次，每层加一个概括式小标题，重点突出，条理清楚；序数式用"一、二、三……"的序号排列区分层次，层次一目了然。不同性质的总结，主体的写作侧重点应当不同。

（三）落款

落款包括署名和日期。根据情况署单位名称或单位名称加执笔者姓名或署个人姓名，署名在日期之上，通常两者一并置于正文右下方。如要突出单位或以主要负责人的名义所做的总结，署名在标题下，结尾只写上日期；若标题出现了单位名称或负责人姓名，可不另外署名。若是公开发表或上行给上级机关的总结，日期用括号括起标在标题之下，署名放在日期之下。

三、总结的写作要求

（1）尊重客观事实，充分掌握材料。

（2）用实事求是的态度进行分析研究。

（3）思路清晰，条理清楚，重点突出。

四、总结格式模版

总结格式模板

写作要点	文体模板
1. 标题 第一种：单位名称+时间期限+总结内容+文种 第二种：专题式标题 第三种：双行式标题 2. 正文 （1）前言 （2）过渡语。用过渡语过渡到主体部分 （3）主体 ①基本情况 ②取得成绩（或主要经验）可根据工作性质与内容，采用并列式或递进式结构 ③存在的问题（或应吸取的教训） ④今后的设想与安排 3. 落款 ①署名。单位的总结一般写在标题下。个人总结，通常在正文右下方署名 ②日期	＿＿＿＿＿＿＿＿＿＿总结 或者 ×××××× ×××××× 或者 ×××××× ×××××× ——××××总结 ＿＿＿＿＿＿＿＿＿＿＿＿＿＿＿＿＿＿＿＿＿＿＿＿＿＿＿＿＿，现将具体情况总结如下： 基本情况 ＿＿＿＿＿＿＿＿＿＿＿＿＿＿＿＿＿ 取得成绩 ××方面＿＿＿＿＿＿＿＿＿＿＿＿＿ ××方面＿＿＿＿＿＿＿＿＿＿＿＿＿ ××方面＿＿＿＿＿＿＿＿＿＿＿＿＿ 存在的问题 ＿＿＿＿＿＿＿＿＿＿＿＿＿＿＿＿＿ 今后的设想与安排 ＿＿＿＿＿＿＿＿＿＿＿＿＿＿＿＿＿ ××× 20××年××月××日

通 知

通知是使用广泛的知照性公文，主要用于批转下级机关的公文，转发上级机关和不相隶属机关的公文，发布规章，传达要求下级机关办理和有关单位需要周知或者共同执行的事项，以及任免和聘用干部。通知具有普适性、晓谕性和时限性的特点。

一、通知的分类与适用范围

根据通知的适用范围，可将其分为以下五类。

1. 批转性通知

适用于转发上级机关、同级机关或不相隶属机关的公文，批转下级机关的公文。

2. 发布性通知

适用于各级行政机关发布一般性的行政法规和规章。

3. 传达性通知

适用于布置工作，向下级机关传达工作指示，交代工作任务等，要求下级机关办理，以及向有关单位传达需要周知或共同执行的事项。

4. 任免性通知

适用于上级机关任免或聘用干部。

5. 事务性通知

适用于处理日常工作中的一般事务，如放假、开会、停电、停水等。

二、通知的结构与写法

通知的结构包括标题、发文字号、主送机关、正文、落款、主题词、抄报或抄送等。根据实际情况，通常也可只保留标题、主送机关、正文和落款四部分。

1. 标题

通知的标题由"发文机关""事由"和"文种"三要素组合而成，常用有四种形式。

一是"发文机关+事由+文种"，如《××公司关于召开精神文明建设座谈会的通知》。

二是"事由+文种"，如《关于召开××省普通高等学校学生工作专业委员会2024年年会的通知》。

三是以"事由"作为标题，如干部转业的几项规定。

四是以"文种"，即以"通知"作为标题，这类情况常见于简便型的通知，如单位内部的一般事务性通知可只写"通知"。

对于批转或转发的文件，一般要在标题中标明"转发"或"批转"字样，并列出原文件的发文机关名称及文件名称。此类通知要特别注意三点：第一，"批转""转发"词前的"关于"常常省略，如《国务院批转国家发展改革委关于××××年深化经济体制改革重点工作意见的通知》。第二，批转及转发的文件名称一般不加书名号，如《××市人民政府批转市劳动和社会保障局关于大力发展劳动就业服务企业的意见的通知》。第三，多层转发，或被转发批转的文件也是通知，应酌情省略中转单位、"关于"及文种名称，如《××镇人民政府转发××省财政厅关于临时出国人员用汇管理细则的通知》。若被转发的文件标题较长，可用原文件的编号加"文件"代替原文件的发文机关名称及文件名称，如《××县人民政府关于转发粤〔2004〕12号文件的通知》。

2. **发文字号**

由发文机关代字，发文年度号和发文顺序号三部分构成。如果是联合通知，应以主办单位的字号发文。

3. **主送机关**

即受文单位（称谓），顶格写在标题下、正文前一行。若主送机关较多，要注意主送机关排列的规范性。

4. **正文**

通知的正文由通知缘由、通知事项和通知要求三部分构成。不同种类的通知，在具体写法上有所不同。

（1）批转性通知、发布性通知。通常先说明转发、批转和发布什么文件，表明发文机关的态度和看法，然后对贯彻和执行文件提出要求。此类通知多以表达发文机关意愿与实施要求相结合的方式，一般采用"请参照执行""请研究执行"或"请认真贯彻执行"等说法。发布或被转发、被批转的文件可用附件的形式发送。

（2）传达性通知。缘由、通知事项、通知要求比较完整。正文开头写缘由，主要表述有关背景、根据、目的、意义等，叙述时不必面面俱到，应突出重点，简明扼要交代清楚即可。通知事项叙述要具体明确，要讲清楚做什么、怎么做，事项较多可分条列写。最后，写通知要求，这部分一般是对工作的强调，或提出要求或号召，或直接用"特此通知"作结尾。有时也可省略。

（3）任免性通知。开头先写清楚决定任免的时间、机关、会议或依据文件，接着写任免的具体内容。

（4）事务性通知。用明确的语言将通知的事项交代清楚即可，但其中的会议通知一般要写明开会缘由、会议名称、会议事项，会议事项包括会议主题、与会人员、会议时间和地点、需带的材料或需做的准备（如车旅费、食宿费的缴纳或报销方式等），要交代具体、清楚、周全。有的还附有会议回执，通常采用分项书写的形式。

4. **落款**

落款包括发文机关名称及发文日期，加盖公章。在文件文头部分或标题中有体现发文机关名称的，署名可省略。

5. **主题词**

主题词是将中心内容概括为相应的主题概念，一般用规范化的名词或名词性词组加以表达。每件公文的主题词一般有三至五个,最多不超过七个,写的位置在落款之下、抄送、抄报栏之上。顶格写。

6. 抄报或抄送

这部分应根据通知的内容而定。若通知的内容除受文单位外,还有必要让其他单位知道,就需写明抄报或抄送。对上级机关用"抄报",对下级或平级机关用"抄送"。抄报、抄送分别占一行,靠左空一格写。

三、通知的写作要求

(1)主题集中,重点突出,事项具体。
(2)语言平实,表达清楚。
(3)依法行文。

四、通知格式模板

通知格式模板(1)

写作要点	文体模板
此模板为印发性通知 1. 标题 由发文单位、事由、文种三个要素组成。发布的文件名称须加书名号 2. 正文 往往很简短,只用两三句话 3. 落款 须有发文单位名称并盖上公章,成文日期用阿拉伯数字。所印发的文件全文放在发文日期下面	＿＿＿＿＿＿关于印发《＿＿＿＿＿条例》的通知 ＿＿＿＿＿＿: 现将《＿＿＿＿＿＿条例》印发给你们,请认真贯彻执行。 (发文单位署名) (公章) 20××年××月××日 ＿＿＿＿＿＿条例 (条例全文略)

通知格式模板(2)

写作要点	文体模板
此模板为指示性通知 1. 标题 由三个要素或两个要素组成 2. 正文 第一段是通知的缘由。接着写通知事项,可分条分项。结尾用规范用语 3. 落款 要写发文单位名称,盖上公章,用阿拉伯数字写上成文日期	＿＿＿＿＿＿关于＿＿＿＿＿＿的通知 现将有关事项通知如下: ＿＿＿＿＿＿＿＿＿＿＿＿＿＿＿＿＿＿＿＿。 现将有关事项通知如下: 一、＿＿＿＿＿＿＿＿＿＿＿＿。 二、＿＿＿＿＿＿＿＿＿＿＿＿。 三、＿＿＿＿＿＿＿＿＿＿＿＿。 特此通知 (发文单位署名) (公章) 20××年××月××日

调查报告

调查报告是对社会生活中的典型问题、重大事件、特别情况等进行深入细致的调查和科学的分析研究之后,写成的书面报告。它经历了调查、研究、整理成文三个环节,是社会管理和科学研究中经常使用的一种应用文。

一、调查报告的特点

1. **广泛性**

调查报告是在广泛调查的基础上形成的。调研的对象涉及政治、经济、历史、自然等方方面面,既可反映国家方针政策、大众普遍关注的社会问题,也可以是一个具体的工作或群众生活中的某个事件。

2. **客观真实性**

用来说明观点的材料必须是深入调查所得的真人实事。写入报告的典型事例、统计数据、历史材料、现实材料都必须言出有据、真实准确,不允许虚构捏造、夸大缩小、张冠李戴。

3. **针对性**

调查报告一般有比较明确的意向,相关的调查取证一般都是针对和围绕某一综合性或是专业性问题展开的,反映的问题集中而有深度。

4. **科学性**

调查报告是对核实无误的数据和事实进行严密的逻辑论证,探明事物发展变化的原因,预测事物发展变化的趋势,提出本质性和规律性的内容,得出科学性的结论。

二、调查报告的结构与写法

调查报告的写作没有固定的格式,但一般由标题、正文和落款构成。

（一）标题

调查报告的标题要求用高度概括而又简明扼要的语言揭示主题。常用写法有两种:一是公文式标题,一般由介词"关于"(有时可省略)+"调查对象或主要事由"+"文种"组成,如《关于××制药厂挖掘人才的调查》;二是文章式标题,这类调查报告的标题比较灵活,标题可不写"调查报告"或"调查"字样,如《××市的校办企业》。文章式标题有的是概括调查报告的基本内容,有的是提出问题,可用单行标题和双行标题。采用双行标题时,主题揭示调查报告中心思想,副标题补充说明调查的事由或调查范围及文体,如《为了造福子孙后代——××县封山育林调查报告》。

（二）正文

正文的内容包括导语、主体和结尾三部分。

1. 导语

导语也叫前言，简洁明了地介绍有关调查的情况，或提出全文的引子，为正文写作做好铺垫，包括简介式导语（简要介绍调查的课题、对象、时间、地点、方式、经过等），概括式导语（概括调查对象、调查内容、调查结果和分析的结论等），交代式导语（介绍课题的由来）。当然，有些调查报告可能是多种写法的结合。有的调查报告没有开头语，在标题下面分几部分直接写下去。

2. 主体

主体是调查报告的核心部分，这部分以典型的事例和确凿的证据展开阐述，通过对材料的分析和论证揭示事物的本质规律，得出客观的结论。

根据逻辑关系安排，常用的结构形式有三种：第一，纵式结构。按调查过程或所调查事件发生、发展的先后顺序，从头至尾加以阐明，得出结论。纵式结构各部分之间具有发展和递进的关系，符合人们认识事物的习惯，层层推进，说服力较强。第二，横式结构。按事物的组成部分或所属类别来安排材料，把整体横向展开几部分，不受空间限制，反映事物所具有的多种性质和情况，各部分之间为并列关系。横式结构的优点是全文条理清楚，观点突出。第三，纵横结合式结构。即前两种结构方式的结合，有的层次以纵向铺陈为主，有的层次以横向展开为主。这种结构适合于比较复杂的重要调查，可以更为透彻地揭示事物的联系，得到正确的结论。

3. 结尾

结尾，即调查报告的结束语。调研报告篇幅较长，结尾通常应给人启示，深化主题；或表决心，展望前景，发出号召；或提出建议、对策；或强调问题的严重性，引起重视。

（三）落款

调查报告的落款要写明调查者单位名称和个人姓名以及完稿时间。如果标题下面已注明调查者，则落款时可省略。

三、调研报告的写作要求

（1）掌握大量第一手材料。

（2）善于分析研究，选用材料得当。

（3）语言严谨，文字朴实，通俗易懂。

（4）用第三人称写作。

四、调查报告格式模板

调查报告格式模板

写作要点	文体模板
此模板为情况调查报告 1. 标题 调查范围+调查内容+文种 2. 正文 （1）导语 包括调查原因、调查范围、调查时间、调查方式等 （2）主体 ①调查结果 调查问卷统计情况或数据统计表格 ②调查分析 根据调查获得的数据，分类别进行分析，得出调查结论 （3）结尾 可展望前景，发出号召；或提出建议对策；或强调问题的严重性，引起重视 3. 落款 注明单位名称和个人姓名，以及完稿时间。如果标题及前文已注明，则落款时可省略	＿＿＿＿＿＿＿＿＿＿情况调查报告 ＿＿＿＿＿＿＿＿＿＿＿＿＿＿＿＿＿＿，于×年×月×日至×年×月×日就"××情况"进行了问卷调查，调查结果如下。 一、调查结果 （调查问卷统计情况或数据统计表格） 二、调查分析 ××方面＿＿＿＿＿＿＿＿＿＿ ××方面＿＿＿＿＿＿＿＿＿＿ ××方面＿＿＿＿＿＿＿＿＿＿ 存在问题＿＿＿＿＿＿＿＿＿＿ 三、结论或建议 ××× 20××年××月××日

短视频文案

短视频文案是专为配合短视频内容而创作的文字材料，它旨在通过简洁、吸引人的文字来增强视频的信息传递，提升观众的观看体验。

一、短视频文案的特点

1. 简洁明了

由于篇幅限制和阅读习惯，短视频文案通常需要简洁明了，用简洁的语言表达出视频的核心信息。

2. 引发兴趣

短视频文案需要通过吸引人的标题、亮点或问题引发观众的兴趣，促使他们点击观看视频。

3. 情感共鸣

好的短视频文案能够触动观众的情感，并引发共鸣增强观众的参与度和互动。

4. 创意独特

由于短视频平台的竞争激烈，短视频文案需要具备独特的创意，能够与其他视频内容有所区别，吸引观众的目光。

二、短视频文案的分类

1. 产品软广文

新媒体广告里最常见的类型，主要是媒介用来推广自己的服务/产品的，注重转化，目的性强，如"每周洗1次，黑发再回归"。

2. 科普干货文

主要用来写科普知识，还有一些技术技巧的干货分享，所谓干货就是内容实用性强，操作方法可复制，如"什么样的猫咪长得漂亮、可爱又好养"。

3. 观点论述文

有自己明确的观点（现在蹭热点发表自己观点的较多），立场明确，然后展开论述，如"预制菜进校园"。

4. 情节故事文

主要以叙事为主，内容表达和创作者的经历与知识丰富程度有关，如"我在深圳打工的那些日子"。

5. 娱乐趣味类

旨在提供娱乐或幽默内容，以此来吸引观众并提高视频的传播性。这种类型的文案往往更加轻松和有趣，但同时也需要贴近目标受众的幽默感，如"最怕老婆的5位男明星"。

三、短视频文案的写作技巧

（一）标题

1. 悬念式标题

悬念式标题通过在标题中引入悬念或未揭示的信息，吸引观众的好奇心，激发他们的兴趣，从而促使他们点击观看视频。为了达到这个效果，标题应该只透露一部分信息，让观众想要了解更多。如"想象一下，她是怎么做到的？""职场这样穿搭，老板直呼……""惊叹！长这么大头一回见……"。但是在使用悬念式标题时要注意"度"的问题，不能凭空夸大，故弄玄虚。

2. 提问式标题

提问式标题以一个问题的形式呈现，鼓励观众积极思考和寻求答案。这种类型的标题引起观众的好奇心，并激发他们点击进一步了解。如"为什么有些人在遇到挑战时成功，而其他人不行"？

3. 数字式标题

数字式标题利用具体的数字来增加标题的吸引力。数字可以是具体的数量、步骤、提示等，给予观众一个明确的期望，并展示了视频的实用性和内容的独特性。如"7个简单的生活技巧，让你的日常更轻松"，"人在发财前要失去5样东西"，"月薪3000和月薪3万的区别"等。在创作数字式标题时，要确保实事求是，让用户看到实实在在的视频内容，不能为了吸引用户注意就过分夸大，也不要做出夸张的保证性承诺。

4. 新闻式标题

新闻式标题模仿新闻报道的语言风格，使用强烈、直接的词汇和简明的语句来吸引观众的注意力。这种类型的标题通常强调事实性和独特性，让观众觉得他们正在得到一则独家报道。如"××手机新品发布，拍视频超防抖，更稳、更清晰。现在已全面开启预订，9.12正式开售"！

5. 热点式标题

热点式标题使用当前热门话题、潮流或社会事件来吸引观众的注意。这种类型的标题与时事相关，能够吸引更多的点击和分享，但要确保与视频内容相关，避免"标题党"的嫌疑。例如巴黎奥运会期间，奥运成了民众瞩目之事，一则"巴黎奥运会观后感，这也太真实了吧！"即用热点互动的切入点，激发了观众的好奇心。蹭热点时要考虑两点：一是够不够"热"，这就要求关注事件的关注度和讨论度；二是适不适合自身，要尽量找到能与视频定位完美契合的热点，才能更好地"借势"。

（二）开头

短视频遵循的黄金三秒原则，要求开头文案就成为整个视频的"捕手"。好的开头能够吸引观众的注意力，让他们愿意继续观看下去。短视频文案如何开头？下面介绍五种常见的开头技巧，以供参考。

1. 提问式开头：直接发问，直击内心

提问最能直接高效地触动用户的神经，利用疑问句、反问句，可以激发用户思考，激发用户的求知欲和好奇心。如某抖音账号的一段视频"你进入房间后的第一件事做什么？这些东西正在偷偷观察你！"，主要整理解答了一些如何在酒店自行检查摄像头等相关问题。

2. 场景式开头：营造场景，拉近距离

场景式开头就是构建一个场景或情节剧情作为开头，用语言文字描述一个画面，营造情景，增强代入感。如"冬天是一年中最冷的季节，但在理塘，世上最好看的花即将盛开"。

3. 悬念式开头：设置悬念，抢占注意

悬念式开头，即把故事情节、人物命运推向关键时刻却故意岔开，不作交代，或者说出一个奇怪的现象却不揭露原因，以引起用户对人物命运的紧张揪心和对结局的期待好奇的开头方法。如"白月光和朱砂痣有什么不同吗？当你读过张爱玲的《红玫瑰与白玫瑰》就会知道，白月光和朱砂痣本质是一样的"。

4. 趣味式开头：脑洞大开，有趣有料

趣味式开头即在开头提出一个有趣的看法或观点，为所要呈现的内容披上"搞笑"的外衣，这在拓宽受众面的同时也让收看门槛变得更低。如"诶，这挺有意思。干啥啥不行，吃饭第一名。刚过双十一，伙食费告急的二喵想要挑战用六块钱的成本，搞定一顿销魂的晚餐"。

5. 痛点式开头：抓住心理，对症下药

痛点式开头就是在开头提出利益点，用户想要从短视频中获得什么，那就在文案开头写什么，开门见山，在第一句话就将视频主题展现给用户，抓住用户心理，再针对用户的疑惑进行解答。如"今天来说一个一笔就能隐藏掉法令纹、泪沟的方法"。

（三）中间部分

1. 巧用并列

中间由三个或三个以上并列的部分组成，独立性强。部分数字式标题常采用这种结构。如某抖音账号的一条视频"无论多艰难，也要把三样东西守好！"在开头提出总论点后，就提出三个分论点，论述不能丢的三物是什么。第一是良心，第二是德行，第三是追求。正文中的这三部分相当于"总分总"或"总分"结构中的"分"。

2. 巧用对比

对比是把两个相反、相对的事务或同一事物相反、相对的两个方面放在一起，用比较的方法加以描述或说明，也叫作对照。比如对于一个穿搭博主，就可以拿好看的穿搭和普通的穿搭进行对比。对比之后，用户就会更容易记住好看的穿搭是怎样的。

某情感博主有一个高赞视频就用了这种角度下的对比手法。

他怎么会对我这么好？恋爱两年，他只要有空就会下厨给我做饭吃，对此我还调侃他……（省去对话）

可能是听过的"婚前婚后"的故事太多了吧，觉得这一切都是他努力表现给我看的，直到我第一次去他家吃饭。

正当他要给妈妈夹菜时，他的继父阻止了他：你妈妈不爱吃这道菜，你给你媳妇儿夹就好了，我媳妇儿有我呢……

原来，让你相信有爱的那个人，是因为他见过爱情最美好的样子。

这个案例，就巧妙地运用了对比，升华了主题。不管是想分享干货技巧，还是想传播价值观，运用这种方法都远胜过单纯的强调。

3. 善用比喻

比喻是在写作中经常会用到的，好的比喻可谓画龙点睛，能够即刻使整篇文章鲜活起来，使读者印象深刻。例如某抖音账号的"生容易，活容易，生活不容易。人生就像一杯茶，不会苦一辈子但总会苦一阵子"，用苦茶比喻生活中的那些小磕绊。视频中男子被老板伤到自尊，但没有气馁，而是选择向前看。这段视频把生活比作苦茶，很好地应和了生活的不易。

4. 善讲故事

注意力稀缺的今天，会讲故事是做好传播的必备能力之一。讲故事不是自说自话，而是讲用户的痛点和兴趣点。故事的开头可以很新奇，但是都会交代一下背景、人物、事件，一般情况下越直接效果越好。正文延续开头描述的故事过程，最好伴有发生的冲突、矛盾，还有故事的核心关注点。达到故事的高潮部分，先是发生转折、然后遇到阻碍、再后来出现各种意外，不断拉动用户的情绪。

（四）结尾

1. 神转折式

神转折式结尾往往采用出其不意的逻辑思维，让正文内容与结尾形成某种突破常理的奇怪逻辑关系，此时正文营造出来的某种气氛会立刻消失，使人在惊讶中发出赞叹。这种出人意料的结尾一般会产生奇效，制造的心理落差会在受众的心里产生震撼的效果，受众会一边惊叹于作者的奇妙构思，一边与他人讨论，在客观上促进了文案的再次传播。

2. 融入场景式

在文案的结尾设计一种场景，可以使受众在阅读的最后阶段受到场景氛围的影响而感同身受。

3. 金句式

金句是指像金子般有价值、宝贵的话语，说者不一定有名，但话语富含哲理，足以发人深省。文案的结尾如果使用金句,可以起到画龙点睛的效果。金句式结尾可以帮助受众深刻理解文案的主题思想,从而提高对整篇文案的认同感。由于金句富含哲理,可以起到警醒和启发的作用,使受众产生共鸣,所以受众转发的可能性很高。

4. 话题讨论式

话题讨论式结尾一般采用提问的方式来引导受众思考,激发其互动讨论的积极性,提升受众的参与感,增加留言的数量,进而增加视频的热度。

5. 号召式

在文案的结尾发起号召,例如邀请受众参与抽奖、集赞、留言和问答活动等,并给予受众一定的实际利益来促使其行动,或者用文字直白地说明优惠力度,以此来引导受众行动,促使其产生购买行为。有的号召式结尾则是通过动之以情,让推荐的产品有温度、有情感,在情感上打动受众,从而使其付诸行动。

6. 幽默式

幽默能够给人带来愉悦的感受,如果在文案的结尾恰当地加上一两句幽默的语言,会让受众会心一笑,从而提升观看体验。

短视频的结尾文案需要依据视频内容来决定。不同的类型、不同的叙事方法、不同的账号风格有不同的适用文案。因此,文案结尾的拟写务必反复斟酌。

四、短视频文案范例

看世界——陕西行

诗人笔下,长安曾是理想之都,是云端之梦。

这里呢,曾有李白的浪漫张狂,也有杜甫的黯然神伤;这里有白居易的年少得志,也有王维的诗韵画香;这里有孟郊的春风得意,也有杜牧的叶落归根。这里是纸醉金迷的天堂,也是月光高悬于上的青砖古墙;是鲜衣怒马少年时的盛放地,也是壮志未酬的伤心诗章;是他乡,也是故土;是初相识,也是恨难忘。这是长街沸灯万里游龙的大唐:有贵妃一袭华裙罗裳,惹人心驰神往;有遥遥华胄一掷千金,难买红颜笑;有禅师矗客,袈裟绫罗,远渡而来经书万卷抄;有文人墨客,仙衣白马,挥袖快意一朝天下晓。长安是心胸博大的地方:它见证盛世之貌,也看遍历史沧桑。它窥见人心之狂,也不忘举杯感念慷慨解囊。光明、灰暗它都不挑,欣然接受,坦坦荡荡。人在别离时感叹的"浮生只合尊前老,雪满长安道",不过是长安千百年岁月中的一剂调味料。他从不如人一般心事重重,怯对南山笑,因为它知道这铺满雪的道路,待到春暖花开时,又会是一番繁盛景象。

长相思在长安,梦回大唐,无不心驰神往。长相思在长安,诗酒年华,青春热情坦荡。

(出自东方甄选)

邀请函

邀请函是单位、团体或个人在举办各种联谊活动、纪念活动、交往活动时向收信人表达郑重邀请之意的礼仪性书信。邀请函体现了主办方的愿望、友好和盛情，表达了对受邀方的尊重和重视，是进行情感联络和沟通的重要工具。同时，能够有效地加强与合作者的情感沟通，营造良好外部环境，树立形象，从而更好地促进自身的发展。

一、邀请函的类型

（一）格式化邀请函

这种邀请函具有固定的格式，往往采用统一印刷的文本，其内容简短，邀请的事项单一，经常用于婚庆典礼和开业典礼等，这类邀请函也常被称为"请柬"或"请帖"。

（二）书信式邀请函

这类邀请函完全采用书信的形式，邀请的事项较复杂或需要向被邀请者说明有关问题，通常适用于一些普通事务的邀请，如学术研讨会、经验交流会、纪念会、订货会等。

二、邀请函的结构与写法

（一）标题

邀请函的标题一般有两种构成方式。
（1）简略式。即单独以文种名称组成，只写"邀请函"三字，位于第一行居中。
（2）事由+文种。即活动名称和文种，如《××诞辰一百周年学术研讨会邀请函》，标题可写在封面，也可直接写在正文上方。

（二）称谓

在标题下第二行左起顶格写被邀请者（单位或个人）的名称。邀请函的称谓可以使用统称，也可以写明具体的人员姓名，并加敬语。姓名之后可加"书记""校长"等职称或"先生""女士"等尊称。单位名称要用全称，以示敬重。

（三）正文

正文一般包括前言和事项两部分。前言只简单地说明何时何地有什么活动和邀请语就可以，这一部分相当于一张请柬的内容。事项部分要分条列项写出活动的有关事项，如活动的具体内容、时间要求等，其他差旅费、活动经费和被邀请者应准备的材料、文件、发言等也应在正文中交代清楚。若邀请方与被邀请方相距较远，则应写明交通路线及来回接送的时间、方式等内容，若附有票、券等物也应同邀请书一并送给主送对象。一般在前言或结尾部分写上常用的邀请惯用语，如"敬请光临""欢迎光临"等。

（四）落款

落款要写明活动主办单位的全称和成文日期，并加盖公章。

（五）回执

为确保活动的顺利进行和宾主双方在活动期间愉快地交流，邀请函有时需要通过"回执"来确认被邀请方能否按时参加活动。通过回执还可了解被邀请人员的详细信息，利于主办方制定合理接待标准和规格，安排相应的接待程序。

回执常采用表格的形式，将被邀请方需要填写的事项逐项列出。一般包括参会单位名称、参会人员姓名、性别、职务、民族、参会要求；邀请方和被邀请方的联络方式等。回执要随邀请函同时发出，并要求按时回复。

三、邀请函的写作注意事项

1. 内容交代清晰

邀请函正文中应当向对方介绍清楚活动举办的缘由、目的、内容、事项及要求，也可写明活动的日程安排、时间、地点，此外，其他如被邀请者应准备的材料、文件、发言等也应交代清楚。

2. 语言注重礼貌

邀请函的语言应当礼貌庄重、简洁明了，突出"邀请"的意思，不宜使用"务必""必须"等强制性词语。

四、邀请函格式模板

邀请函格式模板

写作要点	文体模板
1. 标题 第一行中间，字体略大一些 2. 称谓 标题左下一行。可使用统称，也可写明人员姓名，并加尊称。单位名称要用全称以示敬重 3. 正文 正文一般包括前言和事项。前言简要说明何时何地有何活动和邀请语。事项部分要分条列项写出活动有关事项。前言或结尾部分写上常用的邀请惯用语，如"敬请光临"等 4. 落款 落款要写明主办单位的全称和成文日期，并加盖公章	邀请函 ×××先生/女士： （前言）_____ （事项）_____ _____ （邀请惯用语）_____ 此致 敬礼 　　　　　×××× 20××年××月××日

参考文献

[1] 徐中玉. 大学语文（高职版）[M]. 5版. 北京：高等教育出版社，2023.
[2] 宋凤龄，凌祺芳. 大学人文基础 [M]. 北京：中国轻工业出版社，2022.
[3] 杨萍，肖显惠，罗蓉蓉. 大学语文 [M]. 重庆：重庆大学出版社，2013.
[4] 赵学通. 高职人文综合素养 [M]. 北京：高等教育出版社，2013.
[5] 陈舒，胡钰，徐敏. 大学语文 [M]. 成都：四川大学出版社，2019.
[6] 袁行霈. 中国文学史 [M]. 北京：高等教育出版社，2009.
[7] 袁世硕. 中国古代文学作品选 [M]. 北京：人民文学出版社，2002.
[8] 周国林. 中国历史文选 [M]. 北京：中华书局，2006.
[9] 林汉顺，李素平，黄春梅. 实用文体写作 [M]. 广州：广东高等教育出版社，2013.